CARL FRIEDRICH VON SIEMENS STIFTUNG · THEMEN BD. 93

Gerhard Neumann

Verfehlte Anfänge und offenes Ende

Herausgegeben von Heinrich Meier

GERHARD NEUMANN

Verfehlte Anfänge und offenes Ende

Franz Kafkas poetische Anthropologie

Carl Friedrich von Siemens Stiftung
München

Zum Umschlag

Die Umschlagvorderseite zeigt ein Motiv (entstanden 1911) aus dem zeichnerischen Werk von Franz Kafka.

Aus einem Vortrag hervorgegangen, der am 2. Juli 2009 in der Carl Friedrich von Siemens Stiftung gehalten wurde. Der Abend wurde geleitet von Professor Dr. Inka Mülder-Bach.

Inhalt

Der beurteilende Gedanke quälte sich durch die Schmerzen, die Qual erhöhend und nichts helfend empor. Wie wenn im endgiltig verbrennenden Hause die architektonische Grundfrage zum erstenmal aufgeworfen würde.[1]

Es galt schon immer als ein Einschätzungsproblem in der Forschung, wodurch eigentlich Franz Kafka Weltgeltung erlangt hat: durch seine Romanfragmente, die sein Freund und Nachlaß-Retter Max Brod nach seinem Tod als vollendete Werke publizierte und sich damit gleichsam zum Impresario des Roman-Autors Kafka machte, oder durch seine Kurzprosa, der die Literatur eine neue Form der Parabel verdankt, in der andere – und Kafka selbst – den Höhepunkt seines Schaffens sehen.[2] Walter Benjamin, einer der

1 Franz Kafka: *Schriften. Tagebücher. Briefe. Kritische Ausgabe*. Hg. von Jürgen Born, Gerhard Neumann, Malcolm Pasley und Jost Schillemeit. *Nachgelassene Schriften und Fragmente* II. Hg. von Jost Schillemeit. Frankfurt am Main 1992. Zitatnachweise nach dieser Ausgabe künftig mit jeweiliger Chiffre und Seitenzahl im laufenden Text; hier KKAN II 13. – *Für die sorgfältige und kompetente Einrichtung meines Textes für den Druck danke ich sehr herzlich Frau Anna Schmidt*.

2 Zu denjenigen, die den Kafka der Kurzprosa favorisieren, gehört auch Heinz Politzer mit seinem inzwischen legendären Kafka-Buch: *Franz Kafka. Parable and Paradox*. Ithaca 1962. Dt. Übersetzung: *Franz Kafka, der Künstler*. Frankfurt am Main 1965. Kafka selbst jubelt nach der Niederschrift seiner Erzählung *Das Urteil* in seinem Tagebuch: »Nur so kann geschrieben werden, nur in einem solchen Zusammenhang, mit solcher vollständigen Öffnung des Leibes und der Seele«. Franz Kafka: *Kritische Ausgabe. Tagebücher*. Hg. von Hans-Gerd Koch, Michael Müller und Malcolm Pasley. Frankfurt am Main 1990. Textband künftig im laufenden Text zitiert als KKAT mit Seitenzahl; hier KKAT 461.

ersten literarischen Kritiker Kafkas, machte den Vorschlag, seine Texte als die eines Scheiternden zu lesen;[3] als eines Autors, dem das Projekt des Leben-Erzählens in der Form des Bildungsromans nicht mehr gelingt – und dessen Modernität eben darin begründet liegt, daß ihm Scheitern zum Existential wurde.

Meine Argumentation folgt zunächst Benjamins langjähriger Auseinandersetzung mit Kafkas Schriften und dem in ihnen enthaltenen Menschenbild. Anhand der Rekonstruktion von Benjamins Beschäftigung mit Kafka möchte ich die Gründe aufzeigen, warum ein neues anthropologisches Denken, das zum Ende des traditionellen Erzählens bei Kafka führt, notwendig wird, und welche neue Form der Kurzprosa an seine Stelle tritt.

3 Es ist anzunehmen, daß Politzer den Parabel-Begriff angeregt durch Walter Benjamin ins Spiel brachte, der zehn Jahre nach Kafkas Tod einen großen Gedenkartikel über ihn ausarbeitete: *Franz Kafka. Zur zehnten Wiederkehr seines Todestages*, in: *Benjamin über Kafka. Texte, Briefzeugnisse, Aufzeichnungen*. Hg. von Hermann Schweppenhäuser. Frankfurt am Main 1981. Zitatnachweise nach dieser Ausgabe künftig unter der Chiffre BüK und Seitenzahl; hier BüK 9–38.

4 Walter Benjamin: *Gesammelte Schriften* VI. Hg. von Rolf Tiedemann und Hermann Schweppenhäuser. Frankfurt am Main 1989, S. 54–89. Zitate nach diesem Band unter der Chiffre B VI und Seitenzahl künftig im laufenden Text. Vgl. auch die für das Passagen-Werk gesammelten Exzerpte namentlich zur Mode der »physiologies« in: Walter Benjamin: *Gesammelte Schriften* V, 2. Hg. von Rolf Tiedemann. Frankfurt am Main 1982, S. 971–981. (Konvolut P Anthropologischer Materialismus, Sektengeschichte).

5 *Mutmaßlicher Anfang der Menschengeschichte*, in: Immanuel Kant: *Werke in sechs Bänden*. Hg. von Wilhelm Weischedel. Band VI. *Schriften zur Anthropologie, Geschichtsphilosophie, Politik und Pädagogik*. Darmstadt 1964, S. 85–102. Zitatnachweise nach dieser Ausgabe mit der Chiffre K und Seitenzahl künftig im laufenden Text.

6 Benjamin exzerpiert aus diesem Text (B VI, 156 f.).

I. Immanuel Kant: *Mutmaßlicher Anfang der Menschengeschichte*

Walter Benjamins Interesse an der Anthropologie ist notorisch: Eine Reihe seiner Aufzeichnungen zu diesem Wissensfeld sind im sechsten Band der *Gesammelten Schriften* zugänglich.[4] In den Notizen spielt ein Schlüsseldokument aus der Geschichte der Anthropologie eine wichtige Rolle: Immanuel Kants Essay *Mutmaßlicher Anfang der Menschengeschichte*, von seinem Verfasser 1786 publiziert.[5] Daß der Essay in diesem Zusammenhang bei Benjamin auftaucht, ist sicher kein Zufall – in seinen Selbstäußerungen, etwa in den zahlreichen Lebensläufen, die er auf Stellensuche verfaßte, hat sich Benjamin immer wieder und schon früh als Kant-Leser zu erkennen gegeben.[6] Vor dem Hintergrund seiner Kenntnis dieses Essays, der Benjamin nachweislich beschäftigt hat, möchte ich die Frage nach seiner Anthropologie präzisieren.

Kants *Mutmaßlicher Anfang der Menschengeschichte* ist nichts Geringeres als der Entwurf einer Anthropologie der Narrativität – einer Anthropologie, die ihre Erkenntnisse durch Nacherzählen von Texten, mithin durch Lektüre gewinnt. Sie stellt einen exemplarischen Lebenslauf des Menschen wie der Menschheit vor Augen. Das Erzählen der Ursprungs- und Wesensgeschichte des Menschen steht für Kant im Licht dreier Probleme. Erstens: Der Anfang der Menschengeschichte läßt sich nicht erzählen, weil die Fakten und die Zeugen fehlen. Diese Kernaporie aller Anthropologie wird auch für Kafka ihre Gültigkeit bewahren. Zweitens: Kant hält es trotz dieses Fehlens einer ›arche‹ für möglich, »Mutmaßungen« anzustellen, die das Faktische zusammen mit dem Fiktionalen ins Spiel bringen. Die Fiktion füllt die Leerstellen aus, die das Faktische läßt.

> … eine Geschichte ganz und gar aus Mutmaßungen *entstehen* zu lassen, scheint nicht viel besser, als den Entwurf zu einem Roman zu machen. Auch würde sie nicht den Namen einer *mutmaßlichen Geschichte*, sondern einer bloßen *Erdichtung* führen können. (K 85)

Genau diese Unzulänglichkeit ist der Grund, warum – drittens – nach Kant eine weitere, authentische Quelle hinzukommen muß.

> Eben darum, und da ich hier eine bloße Lustreise wage, darf ich mir wohl die Gunst versprechen, daß es mir erlaubt sei, mich einer heiligen Urkunde dazu als Karte zu bedienen, und mir zugleich einzubilden, als ob mein Zug, den ich auf den Flügeln der Einbildungskraft, obgleich nicht ohne einen durch Vernunft an Erfahrung geknüpften Leitfaden tue, gerade dieselbe Linie treffe, die jene historisch vorgezeichnet enthält. (K 85 f.)

Kant meint mit dieser heiligen Urkunde die Schöpfungs- und Paradiesesgeschichte aus dem Alten Testament. Die solcherart aus unzugänglichem Faktum, vernunftgeleiteter Fiktion und einem in der Lektüre sich erschließenden »heiligen« Text herausgeschriebene Anthropologie hat ihren Quellpunkt in der Schlüsselszene des Sündenfalls im Paradies und in der Frage nach der Schuld. Dabei ist Kants Votum in der Schuld-Frage eindeutig: Der Sündenfall ist nicht die christlich-theologische, nur durch Erlösung zu tilgende Erbschuld, sondern die Chance für den Menschen, sich in die Aufklärung hineinzubilden. Es gibt für ihn die zweite Chance, die Schuld, die er durch Unvernunft auf sich geladen hat, durch vernünftiges Handeln wieder zu tilgen: allein, als freier Mensch, nicht angewiesen auf einen Erlöser. Der Mensch dürfe, so schreibt Kant, der Vorsehung »wegen der Übel, die ihn drücken, keine Schuld geben«; er sei nicht berechtigt, »seine eigene Vergehung … einem ursprünglichen Verbrechen seiner Stammeltern zuzuschreiben …«; er müsse vielmehr jenes Geschehen »mit vollem Rechte als von ihm selbst begangen anerkennen«. Kant schließt, der Mensch habe sich »also von allen Übeln, die aus dem Mißbrauche seiner Vernunft entspringen, die Schuld gänzlich selbst beizumessen …, indem er sich sehr wohl bewußt werden kann, er würde sich in denselben Umständen gerade eben so verhalten, und den ersten Gebrauch der Vernunft damit gemacht haben, sie (selbst wider den Wink der Natur) zu mißbrauchen« (K 101 f.).

Das für unseren Zusammenhang Bedeutsame an Kants Argumentation ist sein Entwurf der Anthropologie als Erzählung, weder als Lehre des Gesetzes noch als philosophische Konstruktion. Kant postuliert Anthropologie als Narrativ und kommt so zu einem optimistischen, aufklärerischen Konzept:

> Und so ist der Ausschlag[7] einer durch Philosophie versuchten ältesten Menschengeschichte: Zufriedenheit mit der Vorsehung und dem Gange menschlicher Dinge im ganzen, der nicht vom Guten anhebend zum Bösen fortgeht, sondern sich vom Schlechteren zum

7 Das bedeutet hier: der Ertrag, der Gewinn.

> Besseren allmählich entwickelt; zu welchem Fortschritte denn ein jeder an seinem Teile, so viel in seinen Kräften steht, beizutragen durch die Natur selbst berufen ist. (K 102)

Kant versucht das, was die Religion als heiligen Text zur Verfügung stellt, durch Philosophie umzuerzählen: zu einer Anthropologie, die den Erbfluch des Sündenfalls und der Schuld in die Chance der Aufklärung durch Vernunft verwandelt. Der Sündenfall wird so zum Inzitament von Aufklärung als einer profanen Form der Erlösung. Anthropologie im Sinne Kants bedeutet die Vergegenwärtigung des Lebenslaufes des sich aufklärenden einzelnen Subjekts wie der Menschheit als ganzer.[8]

II. Walter Benjamins Anthropologie als Autobiographie

Benjamin selbst hat eine solche Anthropologie in subtiler Weise als Autobiographie betrieben: vordergründig in seinen Lebensläufen (B VI 215–228), auf komplexe Weise in den autobiographischen Experimenten der *Berliner Kindheit*, die Kindheitsgeschichte als Baukasten einer historischen Anthropologie nutzen. Wichtigstes Moment in diesem Experimentiertheater ist die kulturelle Karriere jener Medien, die Menschen-Gemeinschaft auf neue Weise organisieren.

8 Das 19. Jahrhundert wird daraus den Bildungsroman als anthropologisches Narrativ ableiten, eine Tradition, an die noch Kafkas Experimente mit dieser Gattung, namentlich im *Verschollenen*, anknüpfen.

Das entscheidende Argument für Benjamins moderne Umerzählung der anthropologischen Karriere aufgrund jenes Paradigmawechsels, der durch die Einführung der elektrischen Medien, maßgeblich durch das Telefon, herbeigeführt wurde, ist die Neufassung dessen, was man mit Luhmann die »Herstellung von Individualität« nennen kann[9]: weniger als Karriere des organischen Subjekts als vielmehr des technischen Mediums der Kommunikation, welches Gemeinschaft stiften soll. Gemeint ist das Medium der ›transportierten‹ Stimme, wie sie durch das Telefon in die Welt kam. Benjamin hat seine Beobachtung der kulturellen Erfolgsgeschichte dieses Mediums, das für ihn die Konzeption des Individuums umstürzt, in dem kleinen Text *Das Telephon* aus der *Berliner Kindheit* niedergelegt.[10]

> Es mag am Bau der Apparate oder der Erinnerung liegen – gewiß ist, daß im Nachhall die Geräusche der ersten Telephongespräche mir sehr anders in den Ohren liegen als die heutigen. Es waren Nachtgeräusche. Keine Muse vermeldet sie. Die Nacht, aus der sie kamen, war die gleiche, die jeder wahren Neugeburt vorhergeht. Und eine neugeborene war die Stimme, die in den Apparaten schlummerte. Auf Tag und Stunde war das Telephon mein Zwillingsbruder. Und so durfte

9 Niklas Luhmann: *Copierte Existenz und Karriere. Zur Herstellung von Individualität*, in: Ulrich Beck und Elisabeth Beck-Gernsheim (Hg.): *Riskante Freiheiten. Individualisierung in modernen Gesellschaften*. Frankfurt am Main 1994, S. 191–200.

10 Vgl. hierzu meinen Aufsatz: *Nachrichten vom »Pontus«. Das Problem der Kunst im Werk Franz Kafkas*, in: *Franz Kafka Symposium 1983. Akademie der Wissenschaften und der Literatur zu Mainz*. Hg. von Wilhelm Emrich und Bernd Goldmann. Mainz 1985, S. 101–157. Meiner Argumentation in diesem Aufsatz lege ich die Schilderung eines Telefon-Traumes zugrunde, den Franz Kafka Felice Bauer in seinem Brief vom 22./23. Januar 1913 aus Prag mitteilt und der eine Medienphantasie in bezug auf Kafkas Schreiben enthält.

ich erleben, wie es die Erniedrigung der Frühzeit in seiner stolzen Laufbahn überwandt. Denn als Kronleuchter, Ofenschirm und Zimmerpalme, Konsole, Gueridon und Erkerbrüstung, die damals in den Vorderzimmern prangten, schon längst verdorben und gestorben waren, hielt, einem sagenhaften Helden gleich, der in der Bergschlucht ausgesetzt gewesen, den dunklen Korridor im Rücken lassend, der Apparat den königlichen Einzug in die gelichteten und helleren, nun von einem jüngeren Geschlecht bewohnten Räume. Ihm wurde er der Trost der Einsamkeit. Den Hoffnungslosen, die diese schlechte Welt verlassen wollten, blinkte er mit dem Licht der letzten Hoffnung. Mit den Verlassenen teilte er ihr Bett. Auch stand er im Begriff, die schrille Stimme, die er aus dem Exil behalten hatte, zu einem warmen Summen abzudämpfen. Denn was bedurfte es noch mehr an Stätten, wo alles seinem Anruf entgegenträumte oder ihn zitternd wie ein Sünder erwartete. Nicht viele, die heute ihn benutzen, wissen noch, welche Verheerungen einst sein Erscheinen im Schoße der Familien verursacht hat. Der Laut, mit dem er zwischen zwei und vier, wenn wieder ein Schulfreund mich zu sprechen wünschte, anschlug, war ein Alarmsignal, das nicht allein die Mittagsruhe meiner Eltern, sondern die weltgeschichtliche Epoche störte, in deren Mitte sie sich ihr ergaben. Meinungsverschiedenheiten mit den Ämtern waren die Regel, ganz zu schweigen von den Drohungen und Donnerworten, die mein Vater gegen die Beschwerdestelle ausstieß. Doch seine eigentlichen Orgien galten der Kurbel, der er sich minutenlang und bis zur Selbstvergessenheit verschrieb. Und seine Hand war wie ein Derwisch, der

der Wollust seines Taumels unterliegt. Mir aber schlug das Herz, ich war gewiß, in solchen Fällen drohe der Beamtin als Strafe ihrer Säumigkeit ein Schlag. In diesen Zeiten hing das Telephon entstellt und ausgestoßen zwischen der Truhe für die schmutzige Wäsche und dem Gasometer in einem Winkel des Hinterkorridors, von wo sein Läuten die Schrecken der Berliner Wohnung nur steigerte. Wenn ich dann, meiner Sinne kaum mehr mächtig, nach langem Tasten durch den finstern Schlauch, anlangte, um den Aufruhr abzustellen, die beiden Hörer, welche das Gewicht von Hanteln hatten, abriß und den Kopf dazwischen preßte, war ich gnadenlos der Stimme ausgeliefert, die da sprach. Nichts war, was die unheimliche Gewalt, mit der sie auf mich eindrang, milderte. Ohnmächtig litt ich, wie sie die Besinnung auf Zeit und Pflicht und Vorsatz mir entwand, die eigene Überlegung nichtig machte, und wie das Medium der Stimme, die von drüben seiner sich bemächtigt, folgt, ergab ich mich dem ersten besten Vorschlag, der durch das Telephon an mich erging.[11]

Was Benjamin hier in Szene setzt, ist eine Medien-Anthropologie in nuce, in der die ›Karriere des Mediums‹, sein ›Lebens-Lauf‹, neben dem des Subjekts eine entscheidende Rolle spielt. Bei genauerem Hinsehen zeigt sich, daß Benjamin sein anthropologisches Modell in seinem Wandel anhand dreier versteckter Zitate aufbaut: eines Gedichts von C. F. Meyer; des kleinen Textes *Eine kaiserliche Botschaft* von Kafka; und einer Bibelstelle aus 1. Mose 3,1 ff.

11 Walter Benjamin: *Gesammelte Schriften*. Band IV, 1. Hg. von Tillman Rexroth. Frankfurt am Main 1972, S. 242–243.

Durch Medieninnovation in Form der Verbreitung des Telefons erscheint das Subjekt weitgehend reduziert auf die Stimme und in ihr gleichsam abwesend präsent, totalisiert wie fragmentiert. Das Subjekt wird ›überstimmt‹ durch das Medium. In diesem Augenblick beginnen zwei Karrieren nebeneinander zu laufen: Das lauschende Kind und der einen steilen Aufstieg in der Gunst der Gesellschaft nehmende Apparat werden zu »Zwillingsbrüdern«. Die Karriere des individuellen, organischen Körpers entwickelt sich neben der Karriere des technischen Mediums. Benjamin spielt in diesem Zusammenhang als Kontrastfolie den ersten Prätext seiner Erörterung der Mediengeschichte und ihrer Wandlungen in seinen Text ein: Conrad Ferdinand Meyers Gedicht *Nachtgeräusche*, das die technikfreie Kommunikationsstruktur des 19. Jahrhunderts in ihrer einsinnigen Medialität hinreißend vergegenwärtigt.

Nachtgeräusche

Melde mir die Nachtgeräusche, Muse,
Die ans Ohr des Schlummerlosen fluten!
Erst das traute Wachtgebell der Hunde,
Dann der abgezählte Schlag der Stunde,
Dann ein Fischer-Zwiegespräch am Ufer,
Dann? Nichts weiter als der ungewisse
Geisterlaut der ungebrochnen Stille,
Wie das Atmen eines jungen Busens,
Wie das Murmeln eines tiefen Brunnens,
Wie das Schlagen eines dumpfen Ruders,
Dann der ungehörte Tritt des Schlummers.[12]

12 Conrad Ferdinand Meyer: *Sämtliche Werke. Historisch-kritische Ausgabe.* Hg. von Hans Zeller und Alfred Zäch. Erster Band. Bern 1963, S. 26.

Der Prozeß der Kommunikation mit der Außenwelt ist hier, in Meyers Gedicht, ein Horchen, das Schritt für Schritt in Lauschen und Vernehmen übergeht, in einem Prozeß der Verinnerlichung bis zum Verlöschen der Geräusche der Welt. Es ist ein Spiel der Vereinsamung zwischen Welt und Ich: Die realen Geräusche werden allmählich zu Metaphern von Körperklängen, dem Atmen, dem Rauschen des Blutes, dem Schlagen des Herzens. Es ist die organische Welt des Körpers, die Traum, Eros und Tod ineinanderflicht: eine Welt, in die das Wissen vom Unbewußten Eingang gefunden hat. Vermittler dieser Wahrnehmung ist nicht die Technik, sondern die Muse. Ihr Medium ist das Gedicht. Meyers Gedicht wird an dieser Stelle von Benjamin zitiert, weil es das natürliche Modell der Kommunikation des 19. Jahrhunderts (mit seiner ästhetischen Aura) vollkommen vergegenwärtigt – weit hinter der »stolzen Laufbahn« zurückbleibend, die der (dubiose) technische Apparat auf seinem Weg ins Licht zurückgelegt hat: in »helle, nun von einem jüngeren Geschlecht bewohnte Räume«.

Das neue Medium des Telefons erweist sich als ambivalent. Einerseits führt es zur Vereinsamung, weil es den Telefonierenden aus der Körperwelt ausschließt, andererseits ist es Therapie eben dieser Vereinsamung. Es spendet, als Stimme, Trost in der Einsamkeit; es blinkt dem Hoffnungslosen mit dem Licht der letzten Hoffnung; mit den Verlassenen teilt es ihr Bett.

Die zweite kryptische Stelle in Benjamins Text steht im Zusammenhang des Telefons als Ursache und Therapie von Einsamkeit. Hier plaziert Benjamin also die beiden weiteren versteckten Zitate, gleichsam als kulturelle Urszenen der Kommunikation. Für die Vergegenwärtigung der ersten

Szene ist es Kafkas kleine Geschichte *Eine kaiserliche Botschaft*, auf die Benjamin anspielt. Bei der zweiten handelt es sich um den Bericht des Sündenfalls aus dem Alten Testament.[13] Den gegenwärtigen Zustand mit dem früheren vergleichend, heißt es in Benjamins Text vom telefonischen Anruf, der die Menschen in ihrer Wohnung erreicht: »Denn was bedurfte es noch mehr an Stätten, wo alles seinem Anruf entgegenträumte oder ihn zitternd wie ein Sünder erwartete.« Die Stelle, die nun das Telefon einnimmt, war zuvor vom irdischen oder himmlischen Souverän besetzt – vom Kaiser oder Gott – und dem von ihnen ausgehenden Anruf. Im *ersten* Fall, in Kafkas *Kaiserlicher Botschaft*, ist es der Weg einer dem Boten vom Kaiser ins Ohr gesagten Mitteilung (die unbekannt bleibt) in einer Welt undurchdringlicher Institutionen zu dem in die Ferne geflüchteten Untertanen. Es handelt sich um das Modell der Kommunikation in der sozialen Hierarchie als das *eine* Leitmuster der modernen Kommunikationskultur. Im *zweiten* Fall, der Anspielung auf das Alte Testament, ist es das kommunikative Verhalten dessen, der sich, aufgrund der Übertretung des göttlichen Gebotes, schuldig glaubt und verbirgt. Hier handelt es sich um die archaische Welt des Sündenfalls, die herbeizitiert wird: das Verbot, die Schlange, das Essen vom Baum der Erkenntnis, das Schuldbewußtsein, das sich mit diesem Essen einstellt. Es heißt in der Bibel:

> 8. Und sie hörten die Stimme Gottes des Herrn, der im Garten ging, da der Tag kühl geworden war. Und Adam versteckte sich mit seinem Weibe vor dem Angesicht Gottes des Herrn unter die Bäume im Garten.

13 1. Mose 3, 1 ff.

9. Und Gott der Herr rief Adam und sprach zu ihm: Wo bist du?
10. Und er sprach: Ich hörte deine Stimme im Garten und fürchtete mich; denn ich bin nackt, darum versteckte ich mich.

Mit drei verdeckten Zitaten umreißt Benjamin den Paradigmawechsel in der anthropologischen Konzeption des Subjekts auf der Wende vom 19. zum 20. Jahrhundert unter dem Aspekt der Kommunikationsstruktur. Conrad Ferdinand Meyer zeigt den Menschen eingebettet in das organische Strömen der Natur. Es ist die Stimme (der Dichtung), die zwischen Natur und menschlichem Körper vermittelt. Benjamin, mit seiner durch Kafka geprägten Anthropologie, erfährt eine Welt der Institutionen, der den Körper disziplinierenden Architekturen und der ›grundlosen Schuld‹. Die Stimme, die als ›technische‹ zwischen Organismus und Apparat vibriert, wird entkörperlicht. Der verdrängte Körper verschafft sich dynamisch Geltung: als selbstvergessener Rausch, als Drehtanz der Derwische, als Wollust und Taumel. Es ist des Vaters Traktierung des Telefons mit der Kurbel, welche dies verdeutlicht.

III. Kafkas Anthropologie: die Zweifellosigkeit der Schuld

Schuld als Notwendigkeit und Chance markiert den »Anfang der Menschengeschichte« bei Kant. Schuld ist auch ein Kernmotiv des Kafkaschen Werkes und von großem Interesse für Benjamin. Unter den »Fragmenten verschiedenen Inhalts«,[14] die in Benjamins Nachlaß überliefert sind, findet sich eine Notiz, welche die jüdischen, christlichen und griechischen Schuld-Begriffe miteinander vergleicht. »Der jüdische Gedanke: die Integrität der Schuld« stehe im »Gegensatz zur christlichen ›Sünde‹«. Und des weiteren: »Das Leben ist *Schuld* ist antik und jüdisch, die ›Erbsünde‹ ist christlich« (B VI, 196). Es sind allemal Schuldmodelle, die der Existenz und Herankunft eines Erlösers, eines Messias bedürfen.

Hier kommt für Benjamin Kafka ins Spiel. Auch bei ihm präsentiert sich das Problem im Rückblick auf die ›heilige Urkunde‹, die Schöpfungsgeschichte des Alten Testaments. Am 9. Juli 1916 schreibt Kafka an Max Brod: »Ich lese nur ein wenig in der Bibel, sonst nichts.«[15] Kafkas wichtigstes Argument für das Problem der Schuld liegt in dieser Aufzeichnung:

> Wüten Gottes gegen die Menschenfamilie
> die zwei Bäume
> das unbegründete Verbot
> die Bestrafung aller (Schlange Frau Mann)
> …
> die Menschen wollen sich durch meinen Geist nicht mehr strafen lassen (KKAT 789)

Die Unbegründbarkeit der Schuld, die nicht mehr durch Vernunft auflösbar ist, wird auch zur Denkfigur Walter Benjamins. Kafka, in Benjamins Lektüre, schreibe in einer Schuldkultur, die zugleich eine Schamkultur ist. So hebt denn auch Benjamin drei miteinander verknüpfte

14 Wie sie im sechsten Band der Ausgabe zusammengestellt sind: B VI, 7–211.

15 KKAT 194 Kommentarband.

Bereiche hervor, in denen Scham als ›Affekt‹, der Schuld anzeigt, eine Rolle spielt:[16] Ein erstes Moment ist die Situation des Sündenfalls im Paradies. Es ist die Scham wegen der Übertretung des göttlichen Verbots – definiert als sexuelle Scham. Ein zweites ist die Scham über die Veruntreuung des »Geschenks des Geschlechtes«. Zwei Jahre vor seinem Tod hatte sich Kafka im Tagebuch rückblickend die Frage gestellt: »Was hast Du mit dem Geschenk des Geschlechtes getan?«[17] und sich selbst geantwortet: »Es ist mißlungen, wird man schließlich sagen, das wird alles sein« (KKAT 879). Ein drittes Moment ist schließlich die Scham über den Verzicht auf das Menschsein, wie ihn Gregor Samsa in der Verwandlung leistet, oder der Affe Rotpeter in *Ein Bericht für eine Akademie*. So notiert sich Benjamin über Kafka: »Tiersein hieß ihm wohl nur, aus einer Art von Scham auf die Menschengestalt und -weisheit verzichtet haben.«[18] Dies alles erscheint, am Schluß des *Proceß*-Romans, zu einer Formel des Protagonisten verdichtet, die unvergeßlich bleibt: »›Wie ein Hund!‹, sagte er, es war, als sollte die Scham ihn überleben.«[19] Es ist Josef K.s Antwort auf das Verdikt, das in der Erzählung *In der Strafkolonie* fällt: »Die Schuld ist immer zweifellos«.[20]

16 »Ekel und Scham. Verhältnis dieser beiden Affekte und ihre Bedeutung bei Kafka«, zitiert nach BüK 114.

17 Vgl. zu dieser zentralen Lebensfrage Kafkas meinen Aufsatz: *»Was hast Du mit dem Geschenk des Geschlechtes getan?« Franz Kafkas Tagebücher als Lebens-Werk*, in: *Autobiographisches Schreiben und philosophische Selbstsorge*. Hg. von Maria Moog-Grünewald. Heidelberg 2004, S. 153–174.

18 Walter Benjamin: *Über Literatur*. Frankfurt am Main 1969. Künftig zitiert unter der Chiffre BüL mit Seitenzahl; hier BüL 201.

19 Franz Kafka: *Kritische Ausgabe. Der Proceß*. Hg. von Malcolm Pasley. Frankfurt am Main 1990. Zitate künftig mit Chiffre KKAP und Seitenzahl; hier KKAP 312.

20 Franz Kafka: *Kritische Ausgabe. Drucke zu Lebzeiten*. Hg. von Wolfgang Kittler, Hans-Gerd Koch und Gerhard Neumann. Frankfurt am Main 1994. Künftig zitiert unter der Chiffre KKAD und Seitenzahl; hier KKAD 212.

IV. Das Szenario des Bildungsromans und Kafkas Anthropologie des scheiternden Lebenslaufs

Die Scham über die unbegründete Schuld, in der keine produktive Chance mehr sichtbar wird, führt zu einer Anthropologie, der ein Scheitern des menschlichen Lebens immer schon eingeschrieben ist. »Nichts denkwürdiger als die Inbrunst, mit der Kafka sein Scheitern unterstrichen hat« (BüL 202). Gershom Scholem erkannte die Bedeutung des Scheiterns für Benjamins Verständnis von Kafkas Anthropologie als erster und ließ sich mit mannigfaltigen Erwägungen darauf ein. »Was Du dabei unter dem von Dir virtuell in den Mittelpunkt Deiner neuen Betrachtungen gestellten fundamentalen Scheitern Kafkas verstehst, möchte ich gern verstehen. Du scheinst doch etwas Unerwartetes und Verblüffendes unter diesem Scheitern zu verstehen ...« (BüK 89). »Warum aber ›Scheitern‹ – wo er doch *wirklich* kommentiert hat, und sei es das Nichts der Wahrheit oder was immer sich da herausstellen würde.« (BüK 90). Die Frage Scholems eröffnet eine neue Lesart des Begriffs des Scheiterns: ob sich dieses Scheitern nicht zuletzt doch als ein Erlebens- und Ereignis-Modus des modernen Menschen entziffern ließe; als einzig noch mögliche Darstellungsform seiner Existenz.

Benjamin selbst arbeitet nachhaltig an einer Differenzierung dieser Frage. Das Problem zeigt sich ihm auf doppelte Weise. Da ist einerseits das paradigmatische Scheitern der Lebenskarriere, beispielsweise der Protagonisten in Kafkas Romanen. Da ist andererseits aber das Scheitern der dichterischen Form für die Darstellung solcher beschädigten Lebenskarrieren. Kafka beginnt seine literarische Karriere mit dem Versuch, Bildungsromane zu schreiben. Ihre Protagonisten versuchen, eine Lebenskarriere in Gang zu bringen. In der Tradition des Bildungsromans handelt es sich um eine doppelte Karriere der ›Erhebung‹ des Protagonisten, im Beruf wie in der Liebe. Man könnte es auch das Modell ›Wilhelm Meister‹ nennen, samt seinen Nachfolgern. So gesehen wäre Kafkas Werk einer der letzten Ausläufer dieser Bildungsroman-Tradition des 19. Jahrhunderts zu Beginn des 20. – und dokumentierte zugleich Kafkas Kampf um eine neue literarische Kunstform, die Verdichtung des Romans zur »Parabel«,[21] des Syntagmas zum Paradigma.

So ist denn auch Kafkas erster größerer literarischer Plan, der im Tagebuch auftaucht, ein (offenbar autobiographisch eingefärbter) Bildungsroman mit dem (nicht von Kafka als solchem formulierten) Titel *Der kleine Ruinenbewohner* (KKAT 17 ff.). Der Text beginnt mit dem Satz: »Wenn ich es bedenke, so muß ich sagen, daß mir meine Erziehung in mancher Richtung sehr geschadet hat. Ich bin ja nicht irgendwo abseits, vielleicht in einer Ruine in den Bergen erzogen worden …« (KKAT 17). Hier wird der Bildungsgedanke zwischen Stadtarchitektur und Rousseauschem Natur-Paradies plaziert – der Protagonist sieht sich

21 Kafka selbst spricht nie von Parabeln. Er spricht von »Sage« im Fall des »Prometheus«-Textes (KKAN II 69) und von »Legende« im Fall des Türhüter-Textes im *Dom*-Kapitel des *Proceß*-Romans: »13 XII 14 Statt zu arbeiten – ich habe nur eine Seite geschrieben (Exegese der Legende) – in fertigen Kapiteln gelesen und sie zum Teil gut gefunden. Immer im Bewußtsein, daß jedes Zufriedenheits- und Glücksgefühl, wie ich es z. B. besonders der Legende gegenüber habe, bezahlt werden muß undzwar um niemals Erholung zu gönnen im Nachhinein bezahlt werden muß.« (KKAT 707 f.). Vgl. meinen Artikel: *Aphorismus–Anekdote–Parabel. Zur Gattungsbestimmung von Kafkas Prosaminiaturen*, in: *Kafka and Short Modernist Prose*. Hg. von Manfred Engel und Ritchie Robertson. Oxford 2011.

durch Erziehung in der Stadt-Kultur verdorben. Er hat eine Vision des Aufwachsens in der freien, wilden Natur, schließlich ist es eine von Gewächsen zugewucherte Ruine, in der er zu leben und zu überleben gedenkt. Es ist ganz offensichtlich, daß Kafka die beiden komplementär gedachten Modelle des Bildungsroman-Erzählens aufruft: organisches Wachstum und architekturale Konstruktion.

Es gibt im Tagebuch sechs Anläufe Kafkas, diesen Roman in Gang zu bringen – und sechsmal gerät der Anlauf ins Stocken. Wie sehr die Idee des Bildungsromans Kafka dennoch in ihrem Bann hält, zeigt ein Brief an Felice Bauer über eine Wunschphantasie Kafkas in bezug auf den großartigsten – freilich negativ konnotierten – Bildungsroman der Weltliteratur: Gustave Flauberts *Education sentimentale*. Kafka schreibt im Brief vom 4./5. Dezember 1912:

> Liebste ich lese nämlich höllisch gerne vor, in vorbereitete und aufmerksame Ohren der Zuhörer zu brüllen, tut dem armen Herzen so wohl … Weißt Du, Menschen kommandieren oder wenigstens an sein Kommando zu glauben – es gibt kein größeres Wohlbehagen für den Körper. Als Kind – vor paar Jahren war ich es noch – träumte ich gern davon, in einem großen mit Menschen angefüllten Saal – allerdings ausgestattet mit einer etwas größern Herz- Stimm- und Geisteskraft, als ich sie augenblicklich hatte – die ganze Education sentimentale ohne Unterbrechung soviel Tage und Nächte lang, als sich für notwendig ergeben würde, natürlich französisch (o du meine liebe Aussprache!) vorzulesen und die Wände sollten widerhallen.[22]

22 Franz Kafka: *Kritische Ausgabe. Briefe 1900–1912*. Hg. von Hans-Gerd Koch. Frankfurt am Main 1999, S. 298.

Das ist Identifikation mit der Vision eines klassischen kanonischen Autors, der ein Leben erzählt. Ein pädagogischer Impuls ist darin dominant: »Menschen kommandieren« beschert, wie der Schreiber formuliert, »großes Wohlbehagen«. Kafka hat also zunächst die Absicht, das klassische Romanerbe samt seiner fast unendlichen Vorlesedauer anzutreten, muß aber dann – immer wieder – die Erfahrung machen, daß die Romane, die er zu schreiben beginnt, alsbald stocken und sich nicht abschließen lassen. Die Romane scheitern an ›verfehlten Anfängen‹ und an ›offen bleibenden Enden‹. Die Varianten der kritischen Kafka-Ausgabe zeugen davon, mit welchen Skrupeln der Verfasser an diesen kritischen Punkten arbeitete. Sie zeigen auch, wie er zu Zeiten an Anfang und Ende gleichzeitig schrieb, um den Bogen vom einen zum anderen besser spannen zu können. Schon früh konstatiert Kafka, ihn erfasse in solchen Fällen die »bestätigte Überzeugung, daß ich mich mit meinem Romanschreiben in schändlichen Niederungen des Schreibens befinde« (KKAT 461). Er gewahrt, daß es ihm nicht mehr gelingen wird, den Anfang seines Romans als eine Keimzelle zu gestalten, aus der sich das Leben des Protagonisten organisch entwickeln läßt. Genau dies ist es aber, was das Goethesche Vorbild geleistet hatte. Man denke an Wilhelm Meister in der *Theatralischen Sendung*: Da wird das Geschenk des Puppentheaters zum Leitmuster des Leben-Erzählens; da ist das vorgespielte Szenario der Liebesbegegnung zwischen Tankred und Chlorinde, welches Wilhelms Leben formen wird, und in dem er lernt, daß Lieben heißt, dem geliebten Wesen Schmerz zuzufügen; da ist die Begegnung mit Mariane; da ist die Zeugung des Sohnes Felix. Am Anfang steht also eine erotische, zugleich schon literarisch vermittelte Begegnung

– eine ›Urszene‹, aus der heraus sich das Erzählen des Lebensweges organisch entwickelt – über das riesige Romanwerk hinleitend bis zum Ende der *Wanderjahre*, der Rettung und Wiedererweckung des Sohnes Felix nach seinem Wassersturz gleichsam als die soziale Einlösung des Pfandes der Vaterschaft. Kafkas drei Romanfragmente lassen sich demnach als Konzept eines einzigen großen Bildungsromans lesen: Denn dieselbe Figur im Zeichen des K – Karl Roßmann im *Verschollenen*, Josef K. im *Proceß* und K. schließlich im *Schloß* – erscheint, wie man sagen könnte, in verschiedenen organischen wie sozialen Entwicklungsstufen. Da ist der *Verschollene*, ein pubertierender Junge, sechzehn Jahre alt, von einer Köchin verführt, der ins Exil getrieben wird und in Amerika seine Bildungskarriere antreten soll, sexuell und ökonomisch gleichermaßen, im ›Land der unbegrenzten Möglichkeiten‹. Da ist der *Proceß* – und sein Protagonist, ein Junggeselle, 30 Jahre alt, der seine Stellung im Beruf bereits hat und weiter Karriere machen will: sexuell, familial und ökonomisch. Und da ist zuletzt das *Schloß* – mit einem auf Stellensuche befindlichen Familienvater, der seine frühere berufliche Position und Familie aufgegeben hat und eine zweite Karriere anstrebt. Er ist mithin auf der Suche nach einer konstruktiven Strategie für seine zweite Lebenshälfte – als Landvermesser, also als Vorbereiter, als Konstrukteur einer Lebens- als Landschaftsarchitektur.

Kafka beendete keinen dieser Romane – oder besser gesagt: Er beendet diesen einen Großroman aus drei Stücken nicht. Vielmehr widmete er sich immer wieder, wenn die Arbeit am Roman stockte, kurzen Prosa-Stücken, schwankte mithin zwischen der Großgattung Roman, aristotelisch bestimmt durch Anfang, Mitte und Ende, und einer Kurzprosa, die den Fokus auf die momenthafte Verdichtung einer Lebenskrise legt. Im Folgenden soll es um die Diagnose der anthropologischen und kulturellen Bedingungen und um die Analyse der literarischen Form dieses Scheiterns gehen.

V. Die »Karriere« des Lebens

Das Scheitern des Lebenslaufs als erotischer, sozialer und ökonomischer Karriere steht für Benjamin im Mittelpunkt von Kafkas Anthropologie. In seinem kurzen Essay *Zur Herstellung von Individualität* in der modernen Gesellschaft schlägt Niklas Luhmann den Begriff der Karriere als bedeutsam für das Lebenswissen des 20. Jahrhunderts vor.[23] Wichtige Anthropologien der Vergangenheit haben diese Vorstellung der Lebenskarriere auf verschiedene Weise fruchtbar gemacht. Franz Kafka reklamiert nicht nur das theologische Modell nach dem Figuralschema von Verheißung und Erfüllung als Karriere der Gottgefälligkeit[24] sowie dasjenige der Aufklärung des Zusichkommens des vernünftigen Menschen in einem Prozeß, der »vom Schlechtern zum Besseren« führt. Er ist auch vertraut mit der darwinistischen Vorstellung der ›Entwicklung‹ als bio-

23 Niklas Luhmann: *Copierte Existenz und Karriere. Zur Herstellung von Individualität*, S. 191–200.

24 Vgl. hierzu Erich Auerbach: *Figura*, in: Erich Auerbach: *Gesammelte Aufsätze zur romanischen Philologie*. Bern–München 1967, S. 55–92. Vgl. ferner Gerhard Neumann: *»Ein Bericht für eine Akademie«. Kafkas Theorie vom Ursprung der Kultur*, in: Franz Kafka: *Ein Landarzt. Interpretationen*. Hg. von Elmar Locher und Isolde Schiffermüller. Bozen 2004, S. 275–293.

logische Karriere des Sich-Durchsetzens des am besten Angepaßten: als Überlebens-Dispositiv.[25] Es war Thomas Hobbes, der, in bezug auf den Karriere-Begriff, die Bildformel von der »Rennbahn des Lebens«[26] geprägt hat. Aus diesem Vergleich, daß die Rennbahn des Lebens nichts anderes sei als ein Wettlauf mit dem Ziel vor Augen, immer der erste zu sein, entwickelt Hobbes das Wortfeld des Wettrennens (*race*) und dekliniert Punkt für Punkt die verschiedenen »Leidenschaften« auf diesem Lebensweg durch. Eine signifikante Zwischenstation auf dem Weg dieser Bildformel durch die Geschichte der Literatur markiert der Brief Heinrich von Kleists an Ernst von Pfuel in Potsdam am 7. 1. 1805. »Wie flogen wir vor einem Jahr einander, in Dresden, in die Arme!«, erinnert sich Kleist und fährt fort:

> Wie öffnete sich die Welt unermeßlich, gleich einer Rennbahn, vor unsern in der Begierde des Wettkampfs erzitternden Gemütern! Und nun liegen wir, übereinander gestürzt, mit unsern Blicken den Lauf zum Ziele vollendend, das uns nie so glänzend erschien, als jetzt, im Staube unsres Sturzes eingehüllt! … *So* umarmen wir uns nicht wieder! So nicht, wenn wir einst, von unserm Sturze erholt, denn wovon heilte der Mensch nicht! einander, auf Krücken, wieder begegnen.[27]

25 Vgl. hierzu den Aufsatz von Manfred D. Laubichler: *Die Virtuosität der Natur im Spiegel der Naturwissenschaft*, in: *Liechtensteiner Exkurse* VI. *Virtuosität*. Hg. von Norbert Haas, Rainer Nägele und Hans-Jörg Rheinberger. Eggingen 2007, S. 153–175.

26 Thomas Hobbes: *The Elements of Law Natural and Politic*. Hg. von Ferdinand Tönnies. London 1889, hier S. 47.

27 Heinrich von Kleist: *Sämtliche Werke und Briefe*. Zweiter Band. Hg. von Helmut Sembdner. Darmstadt 1981, S. 749.

Franz Kafka, der Kleist einmal seinen Blutsverwandten nennt, knüpft an diese Tradition an und differenziert sie.

Kulturell ist das Scheitern begründet in einem Paradigmawechsel in der Weltwahrnehmung, dem Kafka in seinem Menschenbild Rechnung trägt. Die veränderte Weltwahrnehmung wiederum findet ihren Ausdruck in dem, was Benjamin »Schock« nennt. Dieser Orientierungsschock, den er selbst in der Welt Baudelaires aufgesucht hat[28] und von dessen Ausprägungen bei Kafka noch die Rede sein wird, bringt den Lebenslauf zum Scheitern, und mit ihm die »Verwandlung des Lebens in Schrift« (BüK 78) in Form des Bildungsromans. Das Scheitern des Romans wiederum schlägt sich nieder in einem neuen Formprinzip – der »Parabel« mit ihrem ausbleibenden Sinn.

Benjamins These lautete, Kafka lebe »in einer *komplementären Welt*«.[29] Benjamin hatte sich mit diesem Begriff ein Weltmodell zu eigen gemacht, das ihm in einem Buch von A. S. Eddington mit dem Titel *Das Weltbild der Physik und ein Versuch seiner philosophischen Deutung* von 1931 begegnet war. Dieses Buch thematisiert eine Aporie. Die moderne Welt sei durch die nicht homogenisierbare Doppelung von »Wissenschaft und Mystizismus« (SW 204) bestimmt. Diese These sei durch die Deutung der Quantentheorie von Niels Bohr und Werner Heisenberg legitimiert, die von der »Berechtigung verschiedener, sich gegenseitig

28 Benjamins Schreibweise: »Chock«. Für ihn besitzt der Schock, im Gegensatz zu Kafkas Auffassung, eine ästhetische Aura. Walter Benjamin: *Charles Baudelaire. Ein Lyriker im Zeitalter des Hochkapitalismus*. Hg. von Rolf Tiedemann. Frankfurt am Main 1974. Darin wird die Erfahrung des Chocks angeknüpft an das berühmte Sonett *A une passante*, S. 43; ferner S. 108 ff., 118, 128.

29 Ich folge in diesem und dem nächsten Absatz der Argumentation von Sigrid Weigel: *Walter Benjamin. Die Kreatur, das Heilige, die Bilder*. Frankfurt am Main 2008, S. 202 ff.

widersprechender oder sogar ausschließender, aber ergänzender Bilder [gemeint sind Weltbilder]« spricht (SW 206). Benjamin schreibt über Eddingtons These der Komplementarität – genauer gesagt: der Koexistenz und Unvereinbarkeit – von Physik und Mystik:

> Ich kenne in der Literatur keine Stelle, die im gleichen Grade den Kafkaschen Gestus aufweist. Man könnte ohne Mühe fast jede Stelle dieser physikalischen Aporie mit Sätzen aus Kafkas Prosastücken begleiten, und es spricht nicht wenig dafür, daß dabei viele von den »unverständlichsten« unterkämen. (BüK 85 f.)[30]

Hieraus entwickelt Benjamin die Behauptung von Kafkas Werk als jener »Ellipse«, deren zwei Brennpunkte die mystische Erfahrung einerseits und die Zeitgenossenschaft zur »lebendigen« Physik andererseits seien.

Wichtigstes Indiz für den Paradigmawechsel vom messianischen, auf Erlösung ausgerichteten zum durch Scheitern gebrochenen Lebensmodell ist für Benjamin die Orientierungskrise der Moderne, die sich an Kafkas Werk ablesen läßt; das heißt das Wahrnehmen der Welt im Schock, den die dissoziierten Welten von Wissenschaft und Mystizismus auslösen. Eine Form dieses Schocks ist das Erwachen in einer Welt der schuldlosen, gleichsam unbegründeten Schuld – man denke an den Beginn des *Processes*.[31] Ein zweiter Schock liegt in der Entdeckung des Tiers in der biologischen Laufbahn des Menschen: die Erfahrung der Darwinschen Kränkung. Exemplarisch hierfür ist der

30 Zitiert bei Weigel, S. 203.

31 Er wird im Rahmen dieser Überlegungen später als Fallstudie für das Einsetzen und Scheitern einer Karriere behandelt.

Affe Rotpeter aus *Ein Bericht für eine Akademie*. Ein dritter Schock entspringt der Begegnung mit entfremdeten Institutionen und Bürokratien wie in *Eine kaiserliche Botschaft*. Ein letztes Schockerlebnis hängt mit der Erfahrung des dysfunktionalen Verhältnisses von Organismus und technischem Code zusammen, wie sie sich in der Figur des Odradek in dem Text *Die Sorge des Hausvaters* oder der am Körper des Delinquenten arbeitenden Hinrichtungsmaschine in der Erzählung *In der Strafkolonie* einstellt. Es ist die Einsicht in das Umkippen des Organischen in einen technischen Code, des technischen Apparats wiederum in einen Organismus.

Wenn menschliches Leben nicht mehr kohärent, sondern nurmehr dissoziiert, im Schock, erfahrbar ist, muß dann nicht auch die traditionelle Form der kohärenten Darstellung dieses Lebens, wie sie der (Bildungs-)Roman bietet, in Frage gestellt werden? Gibt es eine der Darstellung dieses Scheiterns angemessenere Form als den Roman? Benjamin betrachtet die zwei Textsorten, mit denen Kafka arbeitet – die Romanform und die Parabelform – als zwei differente, jedoch voneinander abhängige Versuche, sie als anthropologische Narrative neu zu erschaffen. Benjamin beobachtet auch hier ein doppeltes Scheitern Kafkas, sowohl in der Gattung des Romans als auch in derjenigen der Parabel.

> Der »Prozeß« ist selbstverständlich ein mißglücktes Werk. Er stellt die ungeheuerliche Mischung zwischen einem mystischen und einem satirischen Buch dar. (BüK 165)

> Näheres über Kafkas Scheitern in der Begründung eines parabolischen Schrifttums. An welchen Umständen ist er gescheitert? (BüK 158)

Zuletzt stellt Benjamin Überlegungen an, ob das Scheitern im Wechselverhältnis dieser beiden Formen, des Romans und der Parabel, begründet liege. Dabei zieht er, angeregt durch Gershom Scholem, zwei Gattungsmodelle aus der rabbinischen Literatur zu Rate: Haggadah und Halacha. Benjamin schreibt in seiner Abhandlung über Kafkas *Beim Bau der chinesischen Mauer*:

> Man hat hier an die Form der Haggadah zu erinnern: so heißen bei den Juden Geschichten und Anekdoten des rabbinischen Schrifttums, die der Erklärung und Bestätigung der Lehre – der Halacha – dienen. (BüK 41 f.)

Haggadah wäre das Erzählen von Leben; Halacha wäre das Reden vom Gesetz, die Formel von der Lehre des richtigen Handelns. Benjamin scheint erkannt zu haben, daß im Verhältnis dieser beiden Aggregatzustände zueinander das Geheimnis von Kafkas Scheitern nistet – aber er vermochte dieses Geheimnis nicht zu lüften. Das blieb Jacques Derrida in seinem epochemachenden Aufsatz *Devant la loi* vorbehalten.[32] Derrida zeigt, daß es der Schock des unerzählbaren Anfangs ist – von dem schon Kant gesprochen hatte –, den

32 Jacques Derrida: *Préjugés*, in: *Spiegel und Gleichnis. Festschrift für Jacob Taubes*. Hg. von Norbert W. Bolz und Wolfgang Hübner. Würzburg 1983, S. 343–366; *Devant la loi*, in: *Philosophy and Literature*. Hg. von A. Phillip. Cambridge 1984, S. 173–188; *Before the Law*, in: Jacques Derrida: *Acts of Literature*. Hg. von Derek Attridge. New York–London 1992, S. 181–220; *Préjugés. Vor dem Gesetz*. Hg. von Peter Engelmann, übers. von Detlef Otto und Axel Witte. Wien 1992. Vgl. hierzu Rolf-Peter Janz: *Franz Kafka, »Vor dem Gesetz«* und Jacques Derrida: *»Préjugés«*, in: Jahrbuch der deutschen Schillergesellschaft 37 (1993), S. 328–340; David Roberts: *The Law of the Text of the Law. Derrida before Kafka*, in: Deutsche Vierteljahrsschrift für Literaturwissenschaft und Geistesgeschichte (DVjs) 69 (1995), S. 344–367.

Kafka inszeniert, indem er den Topos ›Vor dem Gesetz/ Devant la loi‹ als aporetisches raum-zeitliches Szenario deutet, als chiastisch verschränkte Erzwingung von Nachträglichkeit. Es ist einerseits die *Erzählung*, sagt Derrida, die *vor* dem Gesetz erscheinen muß, damit dieses Gesetz auf etwas Anwendung finden kann, sich als Gesetz an der Fall-Geschichte zu bewähren vermag. Es ist aber andererseits das *Gesetz*, das vor der Erzählung erscheinen muß, damit eine Narration, eine Fallgeschichte sich bilden kann, für die die Errichtung von Lizenz und Tabu durch das Gesetz ihren Sinn erhält. Es ist offensichtlich, daß Derrida auf die anthropologische Urszene des Sündenfalls im Paradies als mutmaßlichen Anfang der Menschengeschichte Bezug nimmt und auf die in ihr angezeigte Aporie.

VI. Scheitern als Gelingen: *Ein Bericht für eine Akademie*

Der Vorgang des Scheiterns kann sich also – in der Welt der Moderne – paradoxerweise als Instrument anthropologischen Gelingens erweisen, und zwar sowohl im erzählten Leben wie in der literarischen Form. Benjamin über Kafka: »Man möchte sagen: war er des endlichen Mißgelingens erst einmal sicher, so gelang ihm unterwegs alles wie im Traum« (BüL 202). Im Scheitern der Romanform wie der Parabel offenbart sich die keine Erlösung versprechende und keine Botschaft verkündende Verkeilung von Erzählen und Gesetz. Das Gelingen aber, das in diesem Scheitern stattfindet, ist nichts Geringeres als die Darstellung der Nicht-Darstellbarkeit des Ursprungs der Menschengeschichte, der humanen Kultur. Es ist die Darstellung des Orientierungs-Schocks, der durch den Sündenfall und seine (grundlose) Schuldproduktion in die Welt gekommen ist, die Darstellung einer Darstellungsaporie: das Gesetz, das vor der Fall-Geschichte (im Doppelsinn des Wortes als eines Exempels und eines Sündenfalls), die Fall-Geschichte, die vor dem Gesetz da zu sein genötigt ist – die Struktur der Unerklärbarkeit des göttlichen Verbots.

Ein Beispiel des ›scheiternden Gelingens‹ ist für Benjamin Kafkas *Bericht für eine Akademie* (BüK 119).[33] Mit diesem Text legt der Affe Rotpeter einer menschlichen Akademie eine Darstellung des Ursprungs seiner Menschwerdung vor, oder genauer: der Unmöglichkeit, ihn zu rekonstruieren. Er ist von einer Hagenbeckschen Fangexpedition an der Goldküste angeschossen und auf ein Schiff verbracht worden, wo er darauf sinnt, der Unterbringung im Zoo zu entgehen und eine Art von Freiheit zu gewinnen – wenn auch nicht die verlorene unbegrenzte Affenfreiheit. Der rettende Gedanke, den Rotpeter, wie er sagt, »mit dem Bauch ausgeheckt haben muß« (KKAD 304), ist der, Mensch zu werden. Zunächst ahmt er zu diesem Zweck die Menschen auf dem Schiff nach. Und als es ihm schließlich gelingt, eine Flasche Branntwein fachgerecht zu entkorken, »als Künstler« zu leeren (KKAD 310), und dabei im Hintergrund ein Grammophon ertönt, bricht er in den Ruf »Hallo« aus: worauf die Menschen um ihn mit dem bewundernden Ausruf »Hört nur, er spricht!« reagieren (KKAD 311). Was Kafka hier inszeniert, ist ein Experiment zur Frage nach der Bildung des menschlichen Subjekts: nach seinem Ursprung

33 »Bericht an [!] eine Akademie: hier erscheint Menschsein als Ausweg. Gründlicher kann es wohl nicht in Frage gestellt werden« (BüK 119).

in der Natur; nach der Möglichkeit seiner Einarbeitung in die Kultur. Dieses Experiment nimmt Kafka vor dem Hintergrund der Darwinschen Evolutions-Theorie vor, allerdings in charakteristischer Veränderung. Denn der Affe – eigentlich Objekt der Evolution – macht sich zu deren Subjekt: Er beginnt, über deren Wesen nachzudenken. Er sucht nach einer Erklärung für die Verwandlung des Affen in einen Menschen. Es ist das Rätsel der Verwandlung, ein Kernproblem des Kafkaschen Werks. So beginnt der Affe über die Denkformen zu reflektieren, mit welchen sich dieses Problem bewältigen ließe:

> Niemand versprach mir, daß, wenn ich so wie sie [die Menschen] werden würde, das Gitter aufgezogen werde. Solche Versprechungen für scheinbar unmögliche Erfüllungen werden nicht gegeben. Löst man aber die Erfüllungen ein, erscheinen nachträglich auch die Versprechungen genau dort, wo man sie früher vergeblich gesucht hat. (KKAD 307)

Der Affe als Kulturphilosoph: Diese Überlegung, die er anstellt, widerruft die beiden im Abendland gültigen Konzepte kulturellen Verstehens. Zum einen das der Heilsgeschichte, nach dem Prinzip von Verheißung und Erfüllung, zum anderen das der Naturwissenschaft, nach dem Modell von Ursache und Wirkung in der Zeit, dem wissenschaftlichen Experiment. Was der Affe gegen diese beiden konkurrierenden Ordnungsmuster ins Feld führt, ist ein performativer Akt, nämlich der spontane Entschluß, Mensch zu werden – und zwar durch einen Sprechakt. Das Wort ›Hallo‹ soll Edison bei der Erfindung des Telefons als Kommunikations-Floskel ins Spiel gebracht haben. Es markiert, als Sprachformel, den Schock, wenn Organismus und soziale Konstruktion aufeinanderstoßen. Der Affe, als Diagnostiker der Krise, die es unmöglich macht, menschlichen Ursprung und menschliche Lebensspur zu erzählen, wird zum Ethnologen der menschlichen Kultur. Er legitimiert durch seine Ursprungserzählung, wenn auch nur zum Schein, das unbegreifliche und unerklärliche Ereignis seiner eigenen Menschwerdung. Dieses Moment der performativ wirksamen Nachträglichkeit bezeichnet die eigentliche Orientierungskrise der Moderne, die Irrationalität einer scheinbaren zweiten Aufklärung[34] in ihrer spezifisch aporetischen Wissensform, die sich als rekursives Narrativ zu erkennen gibt.

Rotpeter sucht, indem er zu sprechen beginnt, aber nicht die Menschenfreiheit, sondern einen Ausweg. Das Scheitern seiner Menschwerdung erweist sich zugleich als seine Lebensrettung. Er überlebt als Affe in der Maske des Menschen. Er »schlägt sich in die Büsche«, wie es im Text heißt, weicht also seitlich vor dem Menschsein aus. Sigrid Weigel hat dieses Szenario einer Anthropologie des Auswegs so beschrieben:

> Die Suche nach einem Ausweg, nach einer letzten Ausflucht wäre damit als Form gedeutet, die die Erlösung in einer Welt angenommen hat, in der Überlieferung zum Theater geworden ist. (SW 199)

34 Siehe hierzu die These des Wissenschaftshistorikers Hans-Jörg Rheinberger am Beispiel Claude Bernards: *Experimentelle Virtuosität*, in: *Liechtensteiner Exkurse* VI. *Virtuosität*. S. 13–28. Zum weiteren Zusammenhang Ludwik Fleck: *Entstehung und Entwicklung einer wissenschaftlichen Tatsache. Einführung in die Lehre vom Denkstil und Denkkollektiv*. Hg. von Lothar Schäfer und Thomas Schnelle. Frankfurt am Main 1980.

Der Wesenszug dieser ›neuen Anthropologie‹ ist – wie Benjamin sagt – die »Auflösung des Geschehens in das Gestische« (BüK 18), so daß »Kafkas ganzes Werk einen Kodex von Gesten darstellt, die keineswegs von Hause aus für den Verfasser eine sichere symbolische Bedeutung haben« (BüK 18). »Und dieser Gestus, den er nicht verstand, bildet die wolkige Stelle der Parabeln. Aus ihm geht Kafkas Dichtung hervor« (BüK 27).

Exemplarisch für die »wolkige Stelle« des Gestus ist Kafkas Text *Eine kaiserliche Botschaft*.[35] Dieser zeigt die Inszenierung einer Kommunikationsaporie in einer hierarchischen Gesellschaft. Paradox ist die Grundstruktur des ganzen Textes: auf der einen Seite ein perfekter Kommunikationsapparat – auf der anderen eine trotz aller Bewegungskraft nicht ihre Destination erreichende Botschaft. Die Botschaft selbst, für den in fernste Ferne geflüchteten Untertan bestimmt, wird nur ins Ohr des Boten geflüstert und nie identifiziert. Der Text zeigt mit aller sprachlichen Suggestion den unendlichen Weg des Boten mit der Botschaft des sterbenden Kaisers für den ihr entgegenträumen-

35 Parallel und komplementär hierzu wäre auf das *Schweigen der Sirenen* zu verweisen: Handelt es sich in der *Kaiserlichen Botschaft* um die vertikale Kommunikation zwischen Herr und Knecht (in der Terminologie von Hegels *Phänomenologie des Geistes*), so im *Schweigen der Sirenen* um die horizontale Kommunikation zwischen Mann und Frau – und ihre Blockierung durch die von Odysseus ins Spiel gebrachten ›Mittelchen‹. Auch hier geht es um Stummheit und Taubheit, das Ausblenden der Verständigung, an deren Stelle blinde Gebärden und Posen treten: Odysseus läßt sich an den Mast festschmieden und verstopft sich überdies die Ohren mit Wachs; umgekehrt aber singen die Sirenen überhaupt nicht. Der stummen Pose des Odysseus am Mast antwortet die tonlose Pose der geblähten Hälse der Sirenen. Auch hier wird keine Botschaft identifiziert, die von einem Sender zum Empfänger flösse, hier wird keine Gewalt und Gegengewalt ausgeübt und die stummen Gesten und blinden Posen bilden die »wolkigen Stellen« im Text. Das Kommunikationsversprechen erlischt, die Konfiguration bricht auseinander. Was bleibt, ist eine autistische Gebärde, eine leere, ins offene Meer fortgetragene Pose (KKAN II 40–42).

den Untertan – ein Medium ohne erkennbare Bedeutung und Stringenz. Im Zentrum der ›blinden Parabel‹ steht die Geste, ja die Pose.[36] Der Bote hält im Heranschreiten stille, in einer Art »stehendem Sturmlauf« (KKAT 259 f.). Um rasch voranzukommen, zeigt er auf das Zeichen der Sonne auf seiner Brust. Dies öffnet ihm zwar den Durchgang. Aber welche Bedeutung dieses Zeichen hat, bleibt im Dunkeln. Offensichtlich ist nur, daß diese Geste, trotz ihrer scheinbaren Leere, hierarchische Disziplin herstellt. Die Ankunft der Botschaft wird durch die Geste nicht befördert. Der Bote wird seinen Adressaten nie erreichen. Es ist der ferne Untertan, der sich am Fenster die Botschaft erträumt, »wenn der Abend kommt«. Eine stumme Gebärde regiert das Kommunikationsgeschehen, von dem der Sterbende und der Träumende ausgeschlossen bleiben.

Die Gebärde bei Kafka sei zutiefst zweideutig, meint Benjamin. Es bleibe offen, ob sie einen »Reflex der Befreiung« oder »im Gegenteil« einen solchen der »Unterwerfung« anzeige (BüK 170). Diese Aporie markiert Kafkas Umgang mit der Sprache als Organ anthropologischer Verwirklichung. Sie ist Instrument der Disziplinierung und zugleich Organon der schöpferischen Freiheit. Kafka präparierte schon früh in seinen Aufzeichnungen die Struktur eines solchen Lebensmodells heraus, in welchem die Disziplin und die schöpferische Freiheit, das Rituelle und das Theatrale, zusammenstoßen – und zuletzt auf die Vision einer noch möglichen Dichterkarriere hinauslaufen. Dieses Dilemma zeigt besonders deutlich eine Stelle aus dem Tagebuch vom 3. Oktober 1911:

36 Gerhard Neumann: *»Blinde Parabel« oder Bildungsroman? Zur Struktur von Franz Kafkas* Proceß-*Fragment*, in: Jahrbuch der deutschen Schillergesellschaft XLI (1997), S. 399–427.

> Beim Diktieren einer größern Anzeige an eine Bezirkshauptmannschaft im Bureau. Im Schluß, der sich aufschwingen sollte, blieb ich stecken und konnte nichts als das Maschinenfräulein Kaiser ansehn, die nach ihrer Gewohnheit besonders lebhaft wurde, ihren Sessel rückte hustete, auf dem Tisch herumtipte und so das ganze Zimmer auf mein Unglück aufmerksam machte. Der gesuchte Einfall bekommt jetzt auch den Wert, daß er sie ruhig machen wird, und läßt sich je wertvoller er wird desto schwerer finden. Endlich habe ich das Wort »brandmarken« und den dazu gehörigen Satz, halte alles aber noch im Mund mit einem Ekel und Schamgefühl wie wenn es rohes Fleisch, aus mir geschnittenes Fleisch wäre (solche Mühe hat es mich gekostet). Endlich sage ich es, behalte aber den großen Schrecken, daß zu einer dichterischen Arbeit alles in mir bereit ist und eine solche Arbeit eine himmlische Auflösung und ein wirkliches Lebendigwerden für mich wäre, während ich hier im Bureau um eines so elenden Aktenstückes willen einen solchen Glückes fähigen Körper um ein Stück seines Fleisches berauben muß (KKAT 53 f.)

Was hier artikuliert wird, ist eine Schlüsselfrage der Kafkaschen Poetologie: Wie kann der lebendige Körper eine Sprache hervorbringen, die nicht von den institutionellen Ritualen der Gesellschaft stereotyp geformt oder deformiert wird, sondern sich in freier, spielerischer Eigenkraft entfaltet, als Literatur, als Kunst?

Zunächst steht die geschilderte Situation der Sprachfindung im Zeichen strenger Ritualisierung: Der höhere Angestellte in der Kanzlei diktiert. Dem Schreibfräulein ist der Sitz an der Maschine zugewiesen. Sie schreibt, was er (nach dem juristischen Code) diktiert. Die Ordnung im Raum ist streng hierarchisch: Sie befördert ein stereotypes Ritual der Produktion von Schriftsätzen. In dieses Ritual sickert aber Emotion ein, spontane Regungen von Seiten des Diktierenden wie von Seiten der Schreibenden. Dabei ist es zunächst eine Störung, die sich einstellt: Es zeigt sich, daß diese zugleich einen schöpferischen Keim in sich trägt. Das hier von Kafka entworfene Szenario des Anfangs von Artikulation, der Sprachgeburt macht deutlich: Dem Ritual der Sprachnormierung durch das Gesetz gegenüber steht die Vision freien, schöpferischen Schreibens, »himmlische Auflösung« und »Sich-Aufschwingen«, »wirkliches Lebendigwerden«. Sprache ist mithin beides zugleich – und schlechterdings unvermittelbar in ihrer Dualität. Sie ist Organ der Disziplinierung einerseits – durch vorgegebene Rituale der Sprachbildung und Sprachdressur; und sie ist Organon befreienden Schöpfertums andererseits – durch Umwidmung des Alltags-Rituellen in das Glück kreativer Autonomie.

Rituale sind stereotype Rede- und Handlungsmuster, in denen Glaube, Ideologie, Legitimation und Macht scharfe soziale Kontur gewinnen.[37] Sie sind Formen sozialer Gewalt – vom Kultischen über das Institutionelle bis zum Alltäglichen des Lebensvollzugs. Sie sind disziplinäre Muster in der Dynamik des Kulturprozesses; sie enthalten

37 Zum Begriff des Rituals und seiner Abgrenzung vom ›Theater‹ vgl. Michael Ott: *Ritualität und Theatralität*, in: Gerhard Neumann, Caroline Pross und Gerald Wildgruber (Hg.): *Szenographien – Theatralität als Kategorie der Literaturwissenschaft*. Freiburg im Breisgau 2000, S. 300–342. Vgl. ferner Gerhard Neumann: *Rituale der Liebe*, in: Axel Michaels (Hg.): *Die neue Kraft der Rituale*. Heidelberg 2007, S. 45–65.

eine Strategie der Krisenbewältigung, die im Zeichen des Stereotyps, der Wiederholung, der Disziplin und der förmlichen Gewalt steht – und bei Kafka immer wieder in die komische Groteske umkippt. Theatralität,[38] theatrale Inszenierung ist demgegenüber ein dem Ritual widersprechendes Muster der Organisierung sozialer Prozesse. Das Theatralitätsmodell der Lebensorganisation ist geprägt von Phantasie, Spiel, Durchbrechung (›Transgression‹)[39] und Grenzüberschreitung, von freier Improvisation, nicht zuletzt von Virtuosität. Theatralität bewährt sich als kreative Orientierung im Reden und Handeln einer Kultur – im Zeichen ästhetischer ›Erhebung‹, ja Überhöhung oder Auratisierung. Kafkas Narrative verlöschen, weil rituelle und theatrale Strategien einander paralysieren. Das Erhabene von Lebensgang und Lebensopfer wird unablässig von Elementen des Komischen und des Grotesken unterlaufen – und umgekehrt. In diesem Kippverhältnis liegt nicht zuletzt das Geheimnis des vielberufenen Kafkaschen Humors als einer Leben fristenden Kraft.

Im 20. Jahrhundert beginnt sich dieses Muster tatsächlich aufzulösen: Der Erhebung des Helden durch Bildung zum etablierten Bürger in einer Karriere in aufsteigender Linie steht die Kleinlichkeit und Niedrigkeit der alltäglichen Misere, der ›Prosa der Verhältnisse‹, entgegen. Die angestrebte Erhebung weicht in der Darstellung der Lebenskarrieren mehr und mehr der individuellen und

38 Der englische Begriff ›theatricality‹ ist enger, zielt vor allem auf das Fingierte, ja Lügenhafte solcher Inszenierung.

39 Gerhard Neumann und Rainer Warning (Hg.): *Transgressionen. Literatur als Ethnographie*. Freiburg im Breisgau 2003.

sozialen Auslöschung.[40] Der Bildungsroman wird zum Medium für das kulturelle Konfliktmodell, das aus der Reibung zwischen Erhabenheit und Komik erwächst.[41] So gesehen könnte man behaupten, daß Kafka die erhabene (und erhebende) Idee eines glückenden Lebenslaufes hart gegen das bald tragische, bald komische Scheitern in Alltagsritualen stellt – und aus dem Konflikt beider versucht, seinen Roman zu entwickeln.

VII. Metanarration als Erzählstrategie: Das Heizer-Kapitel aus dem *Verschollenen* auf der Grenze zwischen Kurzprosa und Romananfang

Der Beginn von Kafkas Roman *Der Verschollene* mutet zunächst an wie der eines klassischen Bildungsromans. Dieser ist orientiert auf die Eröffnung einer doppelten Karriere aus einem erotischen Ursprungs-Szenario heraus: einer sexuellen Karriere zum einen, einer beruflichen Karriere zum anderen.[42]

40 Ich beziehe diesen Begriff von Thomas Bernhard. In seinem Anti-Bildungsroman *Auslöschung* nennt er zu Beginn eine Reihe von Prätexten für sein Buch, in denen eine solche Auflösung, ein solcher Zerfall der Protagonisten und ihrer Karriere eine Rolle spielen: »*Siebenkäs* von Jean Paul, *Der Prozeß* von Franz Kafka, *Amras* von Thomas Bernhard und Goethes *Wahlverwandtschaften*«. Thomas Bernhard: *Auslöschung. Ein Zerfall.* Frankfurt am Main 1988, S. 7 f.

41 Vgl. meinen Aufsatz: *Ritual und Theater. Franz Kafkas Bildungsroman »Der Verschollene«*, in: Philippe Wellnitz (Hg.): *Franz Kafka. Der Verschollene. Le Disparu/L'Amérique – Écritures d'un nouveau monde?* Strasbourg 1997, S. 51–78.

42 Im *Wilhelm Meister* wird dieses Szenario paradigmatisch vorgestellt. Vgl. zur Durcharbeitung von Liebesbeziehungen als Identitätsmuster Niklas Luhmann: *Liebe als Passion. Zur Codierung von Intimität.* Frankfurt am Main 1982. Zur Konstruktion von Individualität vgl. Luhmann: *Copierte Existenz*, S. 191–200.

> Als der siebzehnjährige Karl Roßmann, der von seinen armen Eltern nach Amerika geschickt worden war, weil ihn ein Dienstmädchen verführt und ein Kind von ihm bekommen hatte, in dem schon langsam gewordenen Schiff in den Hafen von Newyork einfuhr, erblickte er die schon längst beobachtete Statue der Freiheitsgöttin wie in einem plötzlich stärker gewordenen Sonnenlicht. Ihr Arm mit dem Schwert ragte wie neuerdings empor und um ihre Gestalt wehten die freien Lüfte. (KKAV 7)

Dieser Romananfang bietet einen Lebensgrundriß und ein Karrieredispositiv, wie sie im Buche stehen. Es könnte munter drauflos erzählt werden: von der Urszene des Sündenfalls; von der Vertreibung aus dem Familienparadies durch das Gesetz der Eltern; von der mitgeführten (und im Zwischendeck des Schiffs in die Neue Welt gebrachten) Initiationsgeschichte; von der fast schon allegorischen Beleuchtung der Szene unter dem Blickwinkel von Schuld und Strafe, von Disziplin und Gerechtigkeit – aus der Aura eines Schicksalsmusters heraus. Doch dieser so präsentierte Nukleus eines künftigen, zu entwickelnden Erzählens täuscht. Denn als Karl das Schiff verlassen will, stellen sich zwei Fehlleistungen ein, das Vergessen des Schirms und das Zurücklassen des vom Vater anbefohlenen Koffers,[43] die Karl vom geraden Weg abbringen und in den labyrinthischen Bauch des Schiffes zurückführen. Er irrt durch Gänge, hastet durch ein leeres Zimmer »mit einem verlasse-

43 »Als ihm der Vater den Koffer für immer übergeben hatte, hatte er im Scherz gefragt: Wie lange wirst Du ihn haben?« (KKAV 14).

nen Schreibtisch« und klopft schließlich an eine »beliebige kleine Türe« (KKAV 8), hinter der er auf den Heizer trifft.

Karl ist gezwungen worden, nach Amerika auszuwandern; der Heizer plant, sich beim Kapitän über seine Entlassung zu beschweren. Beide sind auf ihre Weise Exilanten. Als sich aber der Heizer erkundigt: »Warum haben Sie denn [nach Amerika] fahren müssen?«, weigert sich Karl, seine Geschichte zu erzählen. Vielmehr heißt es im Text: »›Ach was!‹ sagte Karl und warf die ganze Geschichte mit der Hand weg« (KKAV 12). Worauf der Heizer antwortet: »Es wird schon einen Grund gehabt haben«, und der Erzähler hinzufügt: »und man wußte nicht recht, ob er damit die Erzählung dieses Grundes fordern oder abwehren wolle« (KKAV 12). Er richtet die Aufmerksamkeit auf das immer wiederkehrende Alternieren von Fordern und von Abwehren zu erzählender Geschichten.

Als die beiden schließlich in der Kajüte des Kapitäns landen, sucht Karl auf zweierlei Weise das Erzählen seiner – nunmehr, wie er meint, definitiv ›weggeworfenen‹ – Geschichte zu verhindern: und zwar, indem er zunächst seinen Paß als Legitimierung und Abbreviatur seiner Identität vorlegt, wobei der Oberkassierer diesen, wie es heißt, mit zwei Fingern »beiseite schnippt« (KKAV 22), wie Karl seine Geschichte beiseitegeschnippt hatte. Eine zweite Strategie Karls, das Erzählen seiner Verführungsgeschichte zu umgehen, ist seine Parteinahme für den Heizer, dessen Lebensgeschichte er usurpiert und den ungeduldigen Herren in der Kajüte vorträgt: »Wenn ihn doch seine Eltern sehen könnten, wie er im fremden Land vor angesehenen Persönlichkeiten das Gute verfocht« (KKAV 33).

In diesem Augenblick tritt der Herr mit dem Bambusstöckchen in den Vordergrund, der bislang beobachtend in der Kabine gestanden hatte. Er kommt auf Karl zu mit der – abermals die Erzählung der wahren Lebensgeschichte fordernden – zweimal hintereinander gestellten Frage: »Wie heißen Sie denn eigentlich?« (KKAV 31; 35). Der fremde Herr erweist sich alsbald als Karls reicher amerikanischer Onkel, den die Köchin, die Karl verführt hatte, durch einen Brief, der das Schiff offenbar zu überholen vermochte, über ihre ›Liebesgeschichte‹ informiert hat. Der Onkel hat sich, aus dieser Geschichte der Köchin, das Signalement Karls in sein Notizbuch exzerpiert und nun Karl im Blickvergleich zwischen ihm und den Notizen wiedererkannt.

Durch diese Wiedererkennungsszene wird Karl ein zweites Mal zur Abwehr des Erzählens seiner Geschichte gezwungen. Als der Onkel dazu ansetzt, die Verführungsgeschichte Karls aufzutischen, sagt Karl sich im Stillen: » … ich will nicht daß er es allen erzählt« (KKAV 39). Genau dies aber tut der Onkel; er gibt nicht nur Karls Geschichte zum Besten, sondern kündigt an, er werde später den Brief dem Neffen übergeben, damit dieser ihn »zur Belehrung lesen« könne (KKAV 41). In diesem Augenblick des ›Erzählens‹ seiner von der Köchin ›erzählten‹ Geschichte springt die dialogische Szene in der Kapitänskajüte in eine Art erlebter Rede Karls um:

> Karl hatte aber keine Gefühle für jenes Mädchen. Im Gedränge einer immer mehr zurückgestoßenen Vergangenheit saß sie in ihrer Küche neben dem Küchenschrank, auf dessen Platte sie ihren Elbogen stützte. (KKAV 41)

Diese Sequenz erlebter Rede hatte bereits 1914 Robert Musils Entzücken in seiner Rezension der Kafkaschen

Novelle erregt:[44] als das kaum Erzählen zu nennende, aber Stimme werdende Murmeln eines dumpfen Erlebensaugenblicks, vorüberlaufend wie ein Film auf dem Bildschirm des Halbbewußtseins. Die Sequenz von Karls erlebter Rede endet mit den Worten:

> Weinend kam er endlich nach vielen Wiedersehenswünschen ihrerseits in sein Bett. Das war alles gewesen und doch verstand es der Onkel, daraus eine große Geschichte zu machen. (KKAV 43)

Die »große Geschichte«, die der Onkel erzählt, wird über den ›petit récit‹ gestülpt, der sich, von Karl selbst unverstanden, in der erlebten Rede formt. Es werden die Darstellungsformen von Roman und Kurzform im Hinblick auf das Erzählen von Leben ausgehandelt. Das große Schema literarischen Erzählens wird gegen den dumpfen, im Halbbewußten verschwebenden Laut des ›nackten Lebens‹ ausgespielt – um eine Formulierung Giorgio Agambens aufzugreifen.[45]

Als die von Karl befürchtete Heiterkeitsreaktion der Zuhörerschaft auf die »große Geschichte« des Onkels – wohl aufgrund von dessen Autorität – ausbleibt, erteilt ausgerechnet Karl dem Heizer eine Lehrstunde in der Technik

44 *Literarische Chronik*, in: Die neue Rundschau. XXVter Jahrgang der freien Bühne 1914, Band 2 [recte 3], S. 1169–1170. Kafka erweise sich als ein »sehr bewußter Künstler« (1170), dessen Erzählen »ganz Zerflattern und ganz Gehaltenheit sei« (1169). Der Held der Geschichte tue »lauter unvollendbare Dinge, die von der Welt aus gesehen wie abgerissene Drähte in sie hineinhängen, und denkt lauter Gedanken, die er selbst nicht vollendet« (1170). »Es ist absichtliche Naivität … etwas Indirektes, Kompliziertes, Erworbenes … moralische Zartheit … von einer feinen, eindringlichen Reizbarkeit«, die »merkwürdige Faltungen sichtbar macht« (1170).

45 Giorgio Agamben: *Homo sacer. Die souveräne Macht und das nackte Leben*. Frankfurt am Main 2002.

des richtigen und wahren Erzählens. »Sie müssen das einfacher erzählen, klarer, der Herr Kapitän kann das nicht würdigen so wie Sie es ihm erzählen« (KKAV 28), hatte Karl schon ganz zu Anfang der Kajütenszene gefordert. »Ordnen Sie doch Ihre Beschwerden, sagen Sie die Wichtigste zuerst und absteigend die anderen ... Mir haben Sie es doch immer so klar dargestellt« (KKAV 28). Bei seinem Abschied vom Heizer mahnt Karl: »Du mußt Dich aber zur Wehr setzen, ja und nein sagen, sonst haben ja die Leute keine Ahnung von der Wahrheit« (KKAV 49). Auch dem Onkel gegenüber wirft sich Karl zum Rhetorik-Lehrer auf: »... in Deiner Rede [sind] einige Fehler enthalten gewesen, d. h. ich meine, es hat sich in Wirklichkeit nicht alles so zugetragen« (KKAV 43).

Es scheint, als komme es Kafka in seiner Novelle, die ja zugleich das Anfangskapitel eines Romans sein soll, darauf an, die Unmöglichkeit des Erzählens der Initialszene einer sich entwickelnden Lebensgeschichte zu zeigen, und zwar durch ein Geflecht von Erzählungen des Erzählens und deren immer neu konstatiertem Versagen im Spiel immer neuer Erzählinstanzen. Karl verdrängt die am Anfang seiner Exilierung stehende Geschichte und ›wirft sie fort‹. Diese verdrängte Geschichte überholt ihn aber während seiner Überfahrt in der Gestalt eines von der Verführerin geschriebenen Briefs und wird vom Onkel, als Erkennungs-*Text* und Identitäts-*Test* gewissermaßen, zu einer »großen Geschichte« umerzählt. Karls dumpfes Bewußtsein erzählt dieses Ganze sich selbst dann als ›petit récit‹, als Raunen eines beinahe stummen Erlebens. Schließlich adoptiert Karl seinerseits eine Alibi-Geschichte, nämlich die des Heizers, und unternimmt es, nun diese statt seiner eigenen nach den Regeln ›vernünftigen‹ Erzählens plausibel zu machen und als Double seiner eigenen unerzählbaren Geschichte vorzutragen, wobei das erotische Unglück Karls durch das berufliche Unglück des Heizers narrativ überschichtet wird. Eine ›erlebte‹ Geschichte wird als ›verdrängte‹ und ›zurückgewiesene‹, ›geschriebene‹, ›wiedererzählte‹, als ›verschwiegene‹ und ›übersetzte‹ von *einer* Erzählstimme im Text zur *anderen* getragen. Es sind ›Überholungen‹ und ›Überlagerungen‹, die zugleich übersetzen, korrigieren, verfälschen, verschieben, vergrößern und verkleinern, aber den Nukleus der ›erlebten‹ Urszene, die zu alledem Anlaß gibt, nicht treffen, sondern ihm seine kryptische Existenz lassen müssen.

Es bleibt unklar, wer dieses Spiel des Erzählens steuert. Der ›auktoriale‹ Erzähler, der gelegentlich durch die Geschichte geistert, bleibt denkbar schwach. Er hat seine Autorität fast ganz an die Figuren als Erzähler und Wiedererzähler abgegeben. Da ist also nicht mehr die Reflexion einer Erzählinstanz, die sich Gedanken macht, wie sie die Geschichte, die sie sich vorgenommen hat, erzählerisch präsentiert. Vielmehr erklingt eine den Erzählprozeß durchquerende Stimme, aus dem Mund wechselnder Figuren und auf wechselnden narrativen Ebenen, die Obertöne des Erzählens vermitteln. Es sind die Erzählfelder des auktorialen Erzählers, der Figurenrede und der erlebten Rede, die bei Kafka ineinander verwirkt werden. Ich schlage vor, diese komplexe Verflechtung verschiedener Autoritätsfelder des Erzählens als ein Spiel mit metanarrativen Strategien zu bezeichnen.[46] Wenn Meta*sprache* jene zweite Sprache

46 Hier ist vor allem auf die fundamentalen Studien Gérard Genettes zu verweisen: aus der Reihe der *Figures*-Bände vor allem: *Figures* II. Paris 1969. Ders.: *Palimpsestes. La littérature en second degré.* Paris 1982. Ders.: *Die Erzählung*. München 1994.

ist, die über eine erste Sprache spricht,[47] dann wäre das Metanarrativ jenes zweite Erzählen, das sich über ein erstes Erzählen legt – und damit die Bedingungen der Möglichkeit ausstellt, nach welchen ›Erzählen von Leben‹ in einer bestimmten historischen und kulturellen Situation durch Verständigung und ›Menschenverkehr‹ verwirklicht werden kann.

Kafka selbst war sich dieser Struktur bewußt. Im Erzählprozeß entwirft er – an einer Stelle seines Romans – das Szenario dieses Aktes der Metanarration und ihrer subversiven Strategien. Der desorientierte und verirrte Karl bei seinem Gang durch das Labyrinth des Schiffsbauchs kommt, in einem leeren Zimmer, ausgerechnet an einem »verlassenen Schreibtisch« vorbei (KKAV 8). Diese Situation deutet auf den auktorialen Erzähler hin, der seinen Platz am Schreibtisch aufgegeben hat und die einzelnen Figuren ihren Erzählschicksalen überläßt.[48] Der Autor hat das sinkende Schiff des Erzählens verlassen.

Es ist, als wollte Kafka einer sich selbst in verschiedenen spontanen Stimmen erzählenden Geschichte Raum geben, die den Abgrund zwischen stummem Leben und diskursiver Norm, zwischen ›nacktem Leben‹ und ›souveränem Gesetz‹ sichtbar werden läßt. Offenbar hängt diese Komplexität der Erzählstrukturen mit der Frage zusammen, ob und wie man überhaupt noch die Geschichte des (um 1900) ›modernen‹ Subjekts zu erzählen vermöchte, das

47 Diese Strategie nenne er, schreibt Roland Barthes »metalanguage, because it is a second language, in which one speaks about the first«. Roland Barthes: *Mythologies*. Englische Übersetzung von Annette Lavers. New York 1998, S. 115.

48 Vgl. zu diesem Problem der fehlenden Autorinstanz: Gerhard Neumann: *Der ›ausgelassene‹ Autor. Zur Konstruktion des deutschen Realismus in Malerei und Literatur*, in: *[Auslassungen]. Leerstellen als Movens der Kulturwissenschaft*. Hg. von Natascha Adamowsky und Peter Matussek. Würzburg 2004, S. 147–165.

zwischen drei (unvereinbaren) Redeordnungen seinen Platz sucht: dem Sprach-Code der Öffentlichkeit, der politisch-juristisch-institutionell geregelt ist; dem Sprach-Code der Privatheit oder Familiarität, der sich paternal arrangiert; und dem Sprach-Code der Intimität, der mit der grundsätzlichen Unwahrscheinlichkeit der Kommunikation von Gefühlen zwischen Individuen rechnet[49] und von der Unveräußerlichkeit der Eigentümlichkeit des Einzelnen ausgeht.[50] Der komplexe Text wirft die Frage auf, wie es noch möglich sei, den Akt des Erzählens im Feld des Zusammenspielens dieser drei Redeordnungen auktorial zu bewältigen. Wie sich der Intimitätskern menschlichen Lebens in Erzählakten überhaupt noch vermitteln lasse.

Erzählen, wie Kafka es im *Heizer* zu praktizieren sucht, zeigt die unlösbare Aufgabe, das Ereignis des Intimen im Spannungsfeld von verschwiegener und erpreßter Geschichte zu erzählen. Es gibt für Kafka kein anderes Erzählen mehr als ein ›Erzählen unter dem Verdikt‹.[51]

Es ist die Kernstrategie von Kafkas Poetologie, die hier sichtbar wird. Ist der *Heizer* als Kurzprosa zu lesen oder als das Anfangskapitel eines Romans? Wie sich der Weg Karls, der von dem Schiff gradlinig in die Weite Amerikas gehen sollte, schon am Anfang verknäult und ins Labyrinth des Schiffes zurückführt, wie das Haupttor zum Zufallstürchen wird, an das man anklopft,[52] wie schließlich die Direttissima

49 Luhmann: *Liebe als Passion*, S. 9–12.

50 Hier ist der kurze autobiographische Text Kafkas *Jeder Mensch ist eigentümlich* ... von Bedeutung (KKAN II 7).

51 Hierzu Jacques Derrida: *Préjugés*, S. 352 ff.

52 Es gibt drei Türen in der Erzählung, die »beliebige kleine« Tür (KKAV 8) der Heizerkoje, die »heillos unvorbereitet« (KKAV 33) geöffnete Tür der Kapitänskajüte und das »Türchen« (KKAV 52), durch das Karl und der Onkel seitlich das Schiff verlassen.

sich zum Rhizom verzweigt, so wandelt sich auch das syntagmatische Erzählen in ein paradigmatisches Erzählen.[53] Dieses Spiel der Metanarrative stellt sich mit Beginn von Kafkas Romanschreiben ein und wird mit großer Souveränität in diesem fortgeführt – obwohl doch Kafka selbst die »Niederungen« desselben seit der – geglückten – Niederschrift des *Urteils* beklagt hatte. *Der Proceß* bietet ein dem *Verschollenen* ähnliches Spiel der verwirrenden und labyrinthischen Metanarrative und ihrer aporetischen Verknüpfung.

VIII. Ritualität und Theatralität – der Anfang des *Proceß*-Romans

Im ersten Kapitel des *Processes* entwickelt Kafka die Zerstörung des Individuums aus einem Alltagsritual heraus – aus dem Frühstück nämlich, das Josef K. bei seiner Verhaftung verweigert wird. Dieses Ereignis stürzt ihn in eine Identitätskrise, von der sich sein Selbstgefühl nicht mehr erholt. Der Keim des Scheiterns ist bereits im Anfang gelegt und wird von Situation zu Situation weiter herausgetrieben: von der Verweigerung des Frühstücks bis zur rituellen Exekution. Josef K. wird am Ende des Romans hingerichtet, wie auf einem Opferstein – aber wiederum wie schon am Anfang in einem Anflug theatraler Atmosphäre. Die beiden Henker, die lange nach dem Schauplatz der Opferhandlung suchen, haben das Aussehen von Operntenören. Was sich

53 Das Begriffspaar des Erzählens im Syntagma und im Paradigma hat Rainer Warning ins Spiel gebracht. Rainer Warning: *Proust-Studien*. München 2000.

hier, in den Anfangs-Sequenzen des Romans, abspielt, ist die Paralysierung eines ›erhabenen‹, an das Lebensopfer gebundenen Lebensgangs durch die groteske Komik alltäglicher Rituale – oder auch umgekehrt: das unverhoffte Umkippen alltäglicher Rituale in ein ›erhabenes‹, in ein beschädigtes Szenario einer Lebenskrise.

Der Held erwacht am Morgen seines dreißigsten Geburtstags (KKAP 11): Geburtstage sind in ausgezeichneter Weise Rituale der Selbstfindung und Selbstbeglaubigung, aber auch des Selbstzweifels und drohenden Selbstzerfalls. Man denke an Werthers Brief vom 28. August, der mit den Worten »Heut ist mein Geburtstag« anhebt[54] und gleichsam das literarische Paradigma dieser rituellen Situation und ihrer Ambivalenz setzt.[55] Es ist der Augenblick, in dem sich das Geburtstagskind sagt: Ich verändere mich – ich werde älter – ich bin aber immer noch der, der ich war – und ich bleibe es auch![56] Kafka verfaßt seinen ganzen Roman nach diesem Muster einer sich in jeder Station der Lebenskarriere wiederholenden Frage nach dem Selbst und seiner Modellierung; einer Situation, in die sich Schritt um Schritt das Scheitern einschleicht – als ein der Ich-Konstitution gegenläufiger Prozeß. Und zwar bis zu dem Zeitpunkt, wo Josef K., am Schluß des Romans, an seinem einund-

54 Johann Wolfgang Goethe: *Sämtliche Werke, Briefe, Tagebücher und Gespräche.* Vierzig Bände. Hg. von Friedmar Apel u. a. *Die Leiden des jungen Werthers. Die Wahlverwandtschaften. Kleine Prosa. Epen.* In Zusammenarbeit mit Christoph Brecht hg. von Waltraud Wiethölter. Band 8. Frankfurt am Main 1994, S. 110. Werthers Geburtstagsdatum ist hier auch das des Autors Goethe.

55 Vgl. meinen Aufsatz: *»Heut ist mein Geburtstag«. Liebe und Identität in Goethes »Werther«*, in: Waltraud Wiethölter (Hg.): *Der junge Goethe. Genese und Konstruktion einer Autorschaft.* Tübingen–Basel 2001, S. 117–143.

56 Es ist das Identitätsmodell, das Erik H. Erikson – übrigens nach dem Goetheschen Vorbild – entwickelt hat. Erik H. Erikson: *Identität und Lebenszyklus. Drei Aufsätze.* Frankfurt am Main 1973.

dreißigsten Geburtstag in einem trivialen Ritual ›wie ein Hund‹ abgeschlachtet wird.[57]

Josef K. beginnt seinen Geburtstag mit einem Blick aus dem Fenster – auf die alte Frau gegenüber, die ihn ihrerseits aus ihrem Fenster beobachtet: Blicken und Angeblicktwerden setzen sich gewissermaßen als Identifizierungs-Ritual in Szene. Fensterszenen sind bei Kafka der Ort solchen Anfangs: als Blick auf die Welt aus dem Innen- in den Außenraum, mit dem Ziel der Orientierung in der Welt und zugleich der Gewinnung eines Aufschlusses über sich selbst.[58] Es sei im Kafkaschen Zusammenhang an Georg Bendemann am Anfang der Erzählung *Das Urteil* erinnert. Der ganze Prozeß der Selbsterkundung, der im Gespräch mit seinem Vater in die Verurteilung zum Tode des Ertrinkens mündet, beginnt ebenfalls mit einem Blick aus dem Fenster:

> Es war an einem Sonntagvormittag im schönsten Frühjahr. Georg Bendemann, ein junger Kaufmann, saß in seinem Privatzimmer im ersten Stock eines der niedri-

57 »Aber an K.'s Gurgel legten sich die Hände des einen Herrn, während der andere das Messer ihm ins Herz stieß und zweimal dort drehte. Mit brechenden Augen sah noch K. wie nahe vor seinem Gesicht die Herren Wange an Wange aneinandergelehnt die Entscheidung beobachteten. ›Wie ein Hund!‹ sagte er, es war, als sollte die Scham ihn überleben« (KKAP 312).

58 Berühmte Fensterszenen, in denen der Blick auf Gott und die Welt – und das in diesem Blick sich erschaffende Subjekt – gleichsam immer neu erfunden werden, finden sich in Augustinus' *Konfessionen* (vielleicht die Urszene dieser topisch werdenden Situation), in Goethes *Werther* (»Klopstock!«), in Tolstois *Krieg und Frieden*, in Robert Musils *Vollendung der Liebe* sowie im *Mann ohne Eigenschaften* (im Kapitel »Die Spitze deiner Brust ist wie ein Mohnblatt«), aber auch schon, auf äußerst subtile Weise in Szene gesetzt, in Stendhals *La Chartreuse de Parme*. Vgl. hierzu meinen Aufsatz: *Landschaft im Fenster. Liebeskonzept und Identität in Robert Musils Novelle »Die Vollendung der Liebe«*, in: Neue Beiträge zur Germanistik Band 3, Heft 1 (2004), S. 15–31 und dessen Weiterführung: *Die Welt im Fenster. Erkennungsszenen in der Literatur*, in: Hofmannsthal Jahrbuch. Zur europäischen Moderne 18, 2010, S. 215–257.

gen, leichtgebauten Häuser, die entlang des Flusses in einer langen Reihe, fast nur in der Höhe und Färbung unterschieden, sich hinzogen. Er hatte gerade einen Brief an einen sich im Ausland befindenden Jugendfreund beendet, verschloß ihn in spielerischer Langsamkeit und sah dann, den Ellbogen auf den Schreibtisch gestützt, aus dem Fenster auf den Fluß, die Brücke und die Anhöhen am anderen Ufer mit ihrem schwachen Grün. (KKAD 43)

Ähnliches gilt auch für Josef K., dessen morgendliches Erwachen die Bedeutung des problematischen Zu-sich-Erwachens hat. In einer Variante des Textes, die Kafka streicht, legt er sich darüber Rechenschaft ab.[59] Es ist die Szene des ersten Verhörs, das in Fräulein Bürstners Zimmer stattfindet. Als der Aufseher an Josef K. die Frage richtet, ob er durch die Vorgänge des Morgens und das Ritual seiner Verhaftung überrascht worden sei, bejaht es dieser und begründet es so:

Jemand sagte mir, ich kann mich nicht mehr erinnern, wer es gewesen ist, dass es doch sonderbar sei, dass man, wenn man früh aufwacht, wenigstens im allgemeinen alles unverückt an der gleichen Stelle findet, wie es am Abend gewesen ist. Man ist doch im Schlaf und im Traum wenigstens scheinbar in einem vom Wachen wesentlich verschiedenen Zustand gewesen und es gehört … eine unendliche Geistesgegenwart

59 Die ohnehin in seinem Werk seltenen metareflexiven Passagen werden von Kafka beinahe alle wieder aus dem Text herausgestrichen. An dieser Praxis wird bis zu den späten Werken, wie zum Beispiel dem *Bau*, konsequent festgehalten.

> oder besser Schlagfertigkeit dazu, um mit dem Augenöffnen alles, was da ist, gewissermassen an der gleichen Stelle zu fassen, an der man es am Abend losgelassen hat. Darum sei auch der Augenblick des Erwachens der riskanteste Augenblick im Tag, sei er einmal überstanden, ohne dass man irgendwohin von seinem Platze fortgezogen wurde, so könne man den ganzen Tag über getrost sein. (KKAP App 168)

Es ist dieser in hohem Maße krisenhafte Augenblick, mit dem Josef K. sich im Moment des morgendlichen Erwachens auseinanderzusetzen hat; einem Augenblick, dem er nicht ausweichen kann.[60]

> Jemand mußte Josef K. verleumdet haben, denn ohne daß er etwas Böses getan hätte, wurde er eines Morgens verhaftet. Die Köchin der Frau Grubach, seiner Zimmervermieterin, die ihm jeden Tag gegen acht Uhr früh das Frühstück brachte, kam diesmal nicht. (KKAP 7)

Josef K. erlebt seinen »riskantesten« Augenblick als ein Gewalt-Ritual in Gestalt der Verhaftung. Was ihm üblicherweise beim Augenöffnen Sicherheit gibt, wird nun unverhofft umgestürzt. Er ist gewohnt, den Augenblick des Erwachens durch das freundliche Ritual des 8-Uhr-Frühstücks zu stabilisieren. An die Stelle dieses privaten Rituals tritt ein bedrohliches Ritual der öffentlichen Justiz-Ordnung. »Das war noch niemals geschehn« (KKAP 7), konstatiert er ratlos und versucht, das befremdliche Versäumnis

60 Zu diesem Anfang vgl. Derrida: *Préjugés. Vor dem Gesetz*. Siehe Anmerkung 32.

irgendwie gutzumachen – also das Frühstück doch noch stattfinden zu lassen. »Anna soll mir das Frühstück bringen«, fordert er von den zwei Männern, die ihn verhaftet haben. Darauf erfolgt ein »kleines Gelächter im Nebenzimmer«, wie es im Text heißt, und der Bescheid: »Es ist unmöglich.« (KKAP 7 f.). Nach diesem abermaligen Fehlschlag versucht Josef K., auf das Rechtsritual der Verhaftung mit dem Rechtsritual des Paß-Vorzeigens zu antworten. Seine Identität und ihre Legitimität stehen auf dem Spiel. Da aber erweist sich die Tücke des Objekts: Zunächst findet Josef K. nämlich seine Dokumente nicht – als erstes kommt ihm lediglich seine Radfahrlegitimation in die Hand (KKAP 12), dann auch sein Geburtsschein: Es ist ja immerhin sein dreißigster Geburtstag, den es zu dokumentieren gilt. Doch alle diese Legitimationspapiere werden zurückgewiesen. »Was kümmern uns denn die?«, fragen die Wächter (KKAP 14). Stattdessen aber sieht K., wie die beiden beginnen, das für ihn vorbereitete Frühstück zu verzehren – also das ›Gericht‹, das sein morgendliches Identitäts-Ritual hätte abgeben können, illegal verschlingen und damit als Argument, das die Situation retten könnte, vertilgen. Offenbar ist ihr Tun tatsächlich illegal: Denn auf seine Beschwerde hin springen die beiden Männer, wie zur Ablenkung, sogleich in ein anderes Register der Argumentation über: das ökonomische. Sie erklären sich bereit, ihm in einem benachbarten Kaffeehaus ein »kleines Frühstück« zu holen – freilich nur, wenn er sie dafür bezahlt. Dieses Angebot lehnt Josef K. angesichts des »schmutzigen Nachtkafes« (KKAP 16) von nebenan ab.

Da der Protagonist mit seinen rituellen Sanierungsversuchen der Erwachens-Situation gescheitert ist, sucht er nun das Problem der Selbstbeglaubigung im »riskantesten

Augenblick« außerhalb der privaten oder institutionellen Ritualität zu lösen – durch einen theatralen, einen anti-rituellen Akt. Er wirft sich aufs Bett, anstatt sich an den Frühstückstisch zu setzen, und beginnt, einen Apfel zu verzehren, ein von Kafka manchmal genutzter Hinweis auf den Sündenfall,[61] das Brechen des göttlichen Verbots durch ein Improvisations-Theater.[62]

Wie ernst für Josef K. die Bedrohung seiner Identität durch den Ausfall von deren banaler morgendlich-ritueller Absicherung inzwischen schon geworden ist, erkennt man an dem im Text folgenden Selbstgespräch des Protagonisten, das den Tod ins Spiel bringt:

> Es wunderte K., wenigstens aus dem Gedankengang der Wächter wunderte es ihn, daß sie ihn in das Zimmer getrieben und ihn hier allein gelassen hatten, wo er doch zehnfache Möglichkeit hatte sich umzubringen. Gleichzeitig allerdings fragte er sich, mal aus seinem Gedankengang, was für einen Grund er haben könnte, es zu tun. Etwa weil die zwei nebenan saßen und sein Frühstück abgefangen hatten? (KKAP 17)

In diesem bedrohlichen Augenblick greift Josef K. abermals auf ein etabliertes Ritual des Alltags, wie es in schwierigen Situationen genutzt wird, zurück. Er geht »zu einem Wandschränkchen«, wie es im Text heißt, »in dem er

61 Man denke an die Kampf-Szene Karls mit Klara im *Verschollenen* und, in der *Verwandlung*, an den Wurf eines Apfels durch den Vater, der im Rücken des in ein Insekt verwandelten Gregor Samsa stecken bleibt.

62 So ist der biblische Sündenfall das erste Improvisations-Theater der Kultur, das dem rituellen Eßverbot im Paradies antwortet. In Sinne einer produktiven Chance der Aufklärung hat, wie wir gesehen haben, auch Kant den Sündenfall aufgefaßt.

einen guten Schnaps aufbewahrte«, und leert gleich zwei Gläschen hintereinander: »ein Gläschen zuerst zum Ersatz des Frühstücks« und »ein zweites Gläschen«, das dazu bestimmt ist, »ihm Mut zu machen, das letztere nur aus Vorsicht für den unwahrscheinlichen Fall, daß es nötig sein sollte« (KKAP 17 f.).

Mit der Ankunft des Aufsehers, der Josef K. verhören soll, tritt das Spiel des Wechsels zwischen aufgezwungenem Ritual und einem von K. in Szene gesetzten Befreiungs-Theater dann in eine neue Phase ein. Zunächst wird das Einkleidungsritual anläßlich des kommenden Verhörs angeordnet. Die Wächter zwingen Josef K. zur Anlegung seines dunklen Festanzugs – was dieser als »lächerliche Ceremonie« abwehrt, sich aber schließlich doch gefallen läßt. (›Ceremonie‹ ist Kafkas Wort für ›Ritual‹.)[63] Das Verhör, dem der Aufseher Josef K. unterzieht, ist auf seltsame Weise zwischen Privatheit und Öffentlichkeit angesiedelt. Es findet im Schlafzimmer von Fräulein Bürstner, K.s Zimmernachbarin, statt. Das Nachtkästchen ist als Verhandlungstisch in die Mitte des Zimmers gerückt – aber auf der Fensterklinke hängt eine Bluse, und eine Reihe von Familienphotographien stehen auf den Möbeln. Dieses merkwürdige Arrangement der Verhörszene besagt:[64] Ein offizielles Ritual, das Verhör nämlich, findet in einem privaten, geradezu intimen Raum, dem Schlafzimmer, statt. Der zwiespältigen Erfahrung dieser Situation wegen beginnt Josef K., zwischen zwei verschiedenen Einschätzungen der Lage

63 Vgl. den Aphorismus »Leoparden brechen in den Tempel ein und saufen die Opferkrüge leer; das wiederholt sich immer wieder; schließlich kann man es vorausberechnen und es wird ein Teil der Ceremonie« (KKAN II 46).

64 In der Terminologie der Ritualforschung: ein ›displacement‹, als räumliche Verschiebung, zur Korrosion der Stabilisierungsfunktion des Rituals.

zu schwanken: Einerseits hält er das Ganze für einen Spaß, einen schlechten Scherz seiner Bankkollegen zu seinem Geburtstag, also für ein geschmackloses Glückwunschtheater, und ist bereit, bei diesem Theater mitzumachen: »…war es eine Komödie, so wollte er mitspielen« (KKAP 12). Andererseits aber fühlt er sich durch eine unbekannte Behörde und ihr Ritual bedroht. »Sind Sie Beamte? Keiner hat eine Uniform …« (KKAP 21 f.), konstatiert er verwirrt. Der Aufseher, der das Verhör führt, hat zuletzt nur eine einzige Botschaft für Josef K.: »Sie sind verhaftet …« (KKAP 22). Gleichzeitig aber erklärt der Aufseher dem noch mehr verwirrten Josef K., er könne ruhig weiter seinem Beruf nachgehen. Getrieben von diesem »alltäglichen Heroismus« (wie eine Formulierung Kafkas zur Charakterisierung seiner ›Helden‹ lautet, KKAN II 35) zwischen ritualisiertem Zwang und Freiheit des Alltags-Theaters begibt sich K. wie jeden Morgen in seine Bank. Dort tritt wieder die Normalität der alltäglichen Rituale in ihr Recht. Von den Kollegen erhält er »ehrende und freundschaftliche Geburtstagswünsche« (KKAP 30).

Am Abend aus dem Büro nach Hause zurückgekehrt, entschließt sich Josef K., auf seine Zimmernachbarin zu warten, um sich bei ihr für die Unordnung, die durch das Verhör in ihrem Zimmer verursacht worden ist, zu entschuldigen. Sie kommt, um halb zwölf, ausgerechnet aus dem Theater. K. fängt sie im Flur ab und flüstert ihr zu: »Ihr Zimmer ist heute früh, gewissermaßen durch meine Schuld, ein wenig in Unordnung gebracht worden« (KKAP 40). Worauf Fräulein Bürstner sich für die »Gerichtssache« (KKAP 42) zu interessieren beginnt: »Wie war es denn?« Worauf Josef K. lakonisch antwortet: »Schrecklich.« (KKAP 43). »Das ist zu allgemein«, wendet Fräulein Bürstner ein. Woraufhin er vorschlägt: »Soll ich Ihnen zeigen, wie es gewesen ist?« (KKAP 44). Josef K. beginnt also, der aus dem Theater Kommenden seinerseits ein Theaterstück vorzuführen, welches das Verhör-Ritual vom Morgen zum Gegenstand hat. Er rückt das Nachtkästchen wieder in die Mitte des Zimmers, setzt sich wie der Aufseher am Morgen dahinter, in Richter-Position, stellt sich als Angeklagter, der er zugleich ist, davor auf und führt selbst Regie – er nimmt alle Positionen des Dramas ein, spricht alle Stimmen. Er führt das Verhör-Ritual vom Morgen als mitternächtlich-privates Theaterstück im Schlafzimmer einer Frau noch einmal auf: nicht als ein von einer Institution und ihren Repräsentanten Aufgezwungenes, sondern in selbst verantworteter Freiheit. Auf dem Höhepunkt der Szene schreit er seinen Namen, das Signet seiner Identität, ›Josef K.‹, so laut heraus, daß der Zimmernachbar erwacht und an die Wand klopft. So sehr war K., wie es im Text heißt, »in der Rolle« (KKAP 45).

Josef K. wandelt das institutionelle Ritual des Verhörs in ein freies Theater der Improvisation um, einen angstbesetzten Zwang in ein lustbetontes Spiel der Selbstbeglaubigung. Die Überblendung des Rituals durch das Theater setzt ambige Erfahrungen frei: die Gefühle von tragischem Lebensernst und von unfreiwilliger Komik. Aus dieser Verwirrung sucht der Protagonist einen Ausweg. Josef K. beginnt, das Rechtfertigungsspiel der juristischen Selbstlegitimation in ein sexuelles Spiel und Liebes-Theater zu verwandeln. Er setzt die Umwidmung der Krise der Berufs- in eine solche der Liebeskarriere in Szene:

> … K. … lief vor, faßte sie, küßte sie auf den Mund und dann über das ganze Gesicht, wie ein durstiges Tier mit

der Zunge über das endlich gefundene Quellwasser hinjagt. Schließlich küßte er sie auf den Hals, wo die Gurgel ist, und dort ließ er die Lippen lange liegen. (KKAP 48)

Mit solchem Einschwenken in eine erotische Karriere sucht Kafka dem drohenden Scheitern des Erzählens gleichsam ›zuvorzukommen‹. Aber zunehmend mit weniger Erfolg. In der Abfolge der Niederschrift der drei Romane, gar wenn man sie als den Versuch eines einzigen Bildungsromans liest, wird dabei der erotische Status der Anfangsszene, die alles Erzählen in Gang bringen soll, immer kryptischer. Das Kind Karl, der Verschollene, wird sexuell verführt; Josef K., der Prokurist und dreißigjährige Junggeselle, wird einer juristisch-bürokratischen Prozedur ausgesetzt, die aber immer noch sehr deutlich von erotischen Momenten durchsetzt ist; der Landvermesser K. im *Schloß* schließlich, verheiratet und exiliert, trägt seine erotische Urszene nur noch als gänzlich verdrängte und also unzugängliche mit sich. Der Vorgang der ›sozialen Geburt‹ spielt sich nun im Exterritorial-Anonymen einer Bürokratie ab; und wieder sind es erotische Spuren nicht näher bestimmbarer Art, die das institutionelle Gerüst der Handlung durchlaufen und immer ›miterzählt‹ werden. Eine Schlüsselfunktion im Verhältnis zwischen erotischer Krypta und sozialem oder juristischem Gesetz hat dabei in allen drei Romanen das Motiv der ›Schuld‹ inne, deren Vorhandensein fortgesetzt geleugnet wird, aber als erotisiertes Fluidum die Handlung umspielt. Die fortgesetzten Ambivalenzen des gleichsam überall mitschwebenden Schuldgefühls könnten auf ein ›nicht erzählbares‹ Trauma, wie es ja die *Heizer*-Geschichte preisgibt, zurückdeuten, dessen

Substanz nicht zu lokalisieren ist; weder in einer ›realen‹ Vorgeschichte, noch in einer in das ›Gesetz‹ nur projizierten Nachgeschichte, die dann auf das ›nackte Leben‹ als Schuld zurückgeworfen wird.[65]

In Kafkas Inszenierung von Anfängen und jenen Komplikationen, die in ihnen angelegt sind, suchen seine Helden ihre Individualität zu gewinnen und zu festigen, indem sie auf die institutionellen Zwangsrituale, die ihnen aufgedrungen werden, mit einem selbstverantworteten Freiheits- und Begehrenstheater antworten, das diese Zwänge neutralisieren soll. So versucht Josef K., das verweigerte Frühstücks-Ritual in ein improvisiertes Theater des Protests gegen die Verhaftung zu verwandeln – indem er sich mit einem Apfel aufs Bett wirft; indem er sich zwei Gläschen Branntwein genehmigt; indem er zuletzt aus den Elementen des Verhörs eine Liebesszene bastelt, die seinen frei flottierenden Wünschen entspringt. Er versucht, aus der ihn zerstörenden Berufskarriere in die befreiende Liebeskarriere hinein zu gelangen. Wie das Romanende zeigt, mißlingt ihm beides. Durch diese Wechsel-Irritation der Orientierungsstrategien werden konkurrierende Lebensgefühle freigesetzt: das emphatische Lebensgefühl der Freiheit und das Gefühl unwiderstehlicher, erpreßter Komik.

IX. Die blinde Parabel – Das Dom-Kapitel im *Proceß*-Roman

Das Kapitel *Im Dom* gegen Ende des *Proceß*-Romans bezeugt diese Ambivalenzen. Josef K. kommt in das Innere

65 Vgl. hierzu Derrida: *Préjugés. Vor dem Gesetz*, S. 193.

der Kirche – da ertönt der Ruf »Josef K.!« (KKAP 286), ein Ruf, den er auf der nächtlichen Suche nach sich selbst ausgestoßen hatte und der nun wieder in das rituelle Szenario des Verhörs zurückgenommen wird. Mit dem Gefängniskaplan entspinnt sich ein Dialog über die Türhüterlegende, die den Konflikt zwischen Ritual und Befreiungstheater nochmals ins Bild setzt. In dieser »Parabel« (Kafka nennt sie »Legende«) unterwirft sich »der Mann vom Lande« widerstandslos dem Warteritual vor dem Gesetz – und könnte sich doch über die Aussagen des Türhüters hinwegsetzen und rebellierend in das Gesetz eintreten, indem er den Türhüter beiseiteschiebt.[66] Stattdessen verdämmert er liegend in Erwartung einer Erlaubnis, die nicht kommt: Inbegriff und förmliches Emblem einer scheiternden Karriere.

Kafka selbst war sich zeitlebens dieses Widerspruchs bewußt, der das Erleben in seinen Texten prägte und ihren Stil bestimmte: des Widerspruchs zwischen Erhabenheit des Lebensplans und Komik des Alltagsverhaltens, zwischen großer Literatur und kleinteiliger Groteske. In zwei berühmten Bemerkungen legt Kafka sich Rechenschaft darüber ab. Einerseits beruft er sich auf sein Streben nach hoher Literatur. 1917 heißt es im Tagebuch: »Zeitweilige Befriedigung kann ich von Arbeiten wie ›Landarzt‹ noch haben, vorausgesetzt daß mir etwas derartiges noch gelingt (sehr unwahrscheinlich) Glück aber nur, falls ich die Welt ins Reine, Wahre, Unveränderliche heben kann« (KKAT 838). Andererseits behauptet er immer wieder die Klein-

66 Vgl. hierzu Ulf Abraham: *Mose »Vor dem Gesetz«. Eine unbekannte Vorlage zu Kafkas »Türhüterlegende«*, in: Deutsche Vierteljahrsschrift LVII (1983), S. 636–650. Abraham schlägt als Prätext für Kafkas Legende eine chassidische Geschichte vor, in der Moses den das Tor bewachenden Engel beiseiteschiebt und einfach in das Gesetz eintritt.

lichkeit und Niedrigkeit seiner Texte wie etwa in einem Brief an Hans Mardersteig von 1922, zwei Jahre vor seinem Tod: Was er zu schreiben versucht habe, sei »jämmerliches Zeug, öde Strickstrumpfarbeit, mechanisch gestückelte, kleinliche Bastelei«.[67] Kafka selbst konstatiert also den Riß in seinem Werk zwischen Erhabenheit und Komik, in dem der Leser das Auszeichnende und Moderne seiner Texte gewahrt. Es ist zugleich der Riß, der bewirkt, daß die Prozeßhaftigkeit des Leben-Erzählens, wie es der Roman im Hinblick auf Josef K. vorantreibt, sich in der Krisenformel der Türhüterlegende zum Bild verdichtet.[68]

Die Gattung der Parabel ist eine narrative Kleinform, die in Gestalt einer Beispielserzählung auftritt.[69] Grundlegend ist die Uneigentlichkeitsstruktur ihrer Aussageformen, gleichzeitig aber die Bezüglichkeit dieser uneigentlichen Aussage auf einen bedingungslos legitimierten Sprecher, der die Beglaubigung des Gesagten verkörpert. Der Inbegriff einer solchen Beglaubigungsinstanz in der christlichen Tradition ist Jesus Christus als der Sprecher und Legitimator jenes wahren Worts, das er in seinen Parabeln zur Geltung bringt. Der Kirchenvater Origenes spricht dies deutlich aus: »In parabolis et aenigmatibus locutus est Deus ipsissima vox«.[70] Die Gleichnisse, die

67 Brief an Hans Mardersteig. »Die Zeit«, Nr. 31 (29. Juli 1983), S. 33.

68 Wobei zu bemerken ist, daß es sich bei diesem Verdichtungsvorgang nicht um eine zeitliche Abfolge vom Romanbeginn zur Parabel handelte: Kafka schrieb die Türhüterlegende vor dem ersten *Proceß*-Kapitel.

69 Vgl. hierzu die grundlegenden Erörterungen von Renate von Heydebrand: *Parabel*, in: Joachim Ritter und Karlfried Gründer (Hg.): *Historisches Wörterbuch der Philosophie*. Basel 1989, Band 7, Sp. 65–74; dies.: *Parabel. Geschichte eines Begriffs zwischen Rhetorik, Poetik und Hermeneutik*, in: Archiv für Begriffsgeschichte. Bonn 1991, XXXIV, 27–122. Ferner Theo Elm: *Die moderne Parabel. Parabel und Parabolik in Theorie und Geschichte*. München 1982.

70 Vgl. hierzu Heydebrand: *Parabel*, S. 37.

Christus ausspricht, erscheinen als durch seine Stimme (allein) verbürgte Beispiele einer transzendenten Wahrheit. Er ist es, der durch das Authentische seiner Realpräsenz den Bezug zwischen Eigentlich und Uneigentlich, der das Wesen der Parabel ist, unverbrüchlich legitimiert. Als weiteres wesentliches Merkmal der Parabel folgt daraus ein durch die Suggestion von Mündlichkeit singulärer Sprachgestus, wobei durch diesen die vier Momente der Parabel, wie sie im Sprachgebrauch auch der Parabelforschung festgelegt sind, verknüpft werden: Sachhälfte, Bildhälfte, Handlungsaufforderung, Mündlichkeit.

Kafkas sogenannte Parabeln erfüllen dieses tradierte Modell nicht, sondern subvertieren es. Die Türhüterlegende stellt sich quer zu dem überlieferten Parabel-Modell einer phonozentrisch orientierten ›wahren‹ Rede, und zwar im Hinblick auf alle vier das Modell herkömmlich prägenden Momente. Von diesem tradierten Modell wäre zu erwarten: die Verschmelzbarkeit von Eigentlichkeits- und Uneigentlichkeitselement der Aussage; ein ethischer, handlungsbezogener Imperativ; der kardinale Index ursprünglicher Mündlichkeit; und schließlich der in der Welt der literarischen Formen singuläre Legitimationsstatus. Die tiefere Begründung dieser vierfachen Qualität der Parabel würde lauten: ›Es hat einmal eine Rede von der Wahrheit gegeben‹ – und es ist die Parabel, die von dieser Wahrheit zeugt. Alle vier genannten Momente aber werden durch das Szenario, das Kafka über die Frage nach der Geltung wahrer Rede entwirft, in der Domszene des *Proceß*-Romans widerrufen.

Für die erstgenannte Bestimmung heißt das: Gegen die erhoffte Verschmelzbarkeit von Eigentlichkeit und Uneigentlichkeit der Aussage setzt die Domszene ein Geflecht einander widersprechender, einander subvertierender Deutungen zwischen Wörtlichkeit und Figuralcharakter des Ausgesagten. Sie bewirkt dadurch keine Stabilisierung, sondern vielmehr eine Zersetzung jeder durch die Ordnung der Welt hergestellten Relation zwischen Sprechakt, besprochener und beurteilter Sache und authentischer Handlung in der Lebenswelt. Auch der zweite Aspekt der von der traditionellen Parabel ausgehenden Handlungsaufforderung wird in der Domszene subvertiert. Zwar erfolgt, aus dem Dunkel, der Anruf des Geistlichen: »Josef K.!« Aber als dieser sich auf den erklingenden ethischen Imperativ einzulassen beginnt, hält der Geistliche ihm entgegen: »Warum sollte ich also etwas von dir wollen. Das Gericht will nichts von Dir. Es nimmt Dich auf wenn Du kommst und es entläßt Dich wenn Du gehst« (KKAP 304). Statt des Wahrheitsgestus erscheint hier eine Doppelbindung – ›Komm und geh fort!‹ –, welche die Immobilisierung des »verhörten Helden« bewirkt.

Nicht anders verhält es sich mit dem dritten Merkmal: Denn auch der Index des ursprünglich Mündlichen wird in der Domszene getilgt. Josef K. beruft sich zunächst auf eben dieses »Vertrauen« in die lebendige, die göttliche Stimme, als deren Sprachrohr er den Priester versteht. So bekennt er denn auch: »Du bist eine Ausnahme unter allen, die zum Gericht gehören. Ich habe … Vertrauen zu dir …« Aber der Geistliche weist dies zurück: »Täusche dich nicht« (KKAP 292). Was hier gilt, ist nicht die bewahrheitende Stimme, sondern die unveränderliche, starre, aller Hermeneutik sich verschließende Schrift: »Du mußt nicht zuviel auf Meinungen achten. Die Schrift ist unveränderlich und die Meinungen sind oft nur ein Ausdruck der Verzweiflung darüber« (KKAP 298).

Damit ist aber zugleich jener vierte Aspekt, nämlich deren unbedingter Legitimationsgestus, widerrufen, der, durch transzendente Autorität gebildet, die Wahrheit des Gesagten erweist. Was bleibt, ist der Rückzug auf die Zeichen der Schrift – das Medium allein, das nun selbst zur Botschaft wird; das Medium, welches Gesetz als Schrift statt Wahrheit als Authentizität der Stimme in Kraft setzt. Es ist ein Verfahren fundamentaler Delegitimation, dem Kafka die Wahrheitskraft der biblischen Parabel unterwirft. Sachhälfte und Bildhälfte der Parabel finden nicht mehr zur Rede von der Wahrheit zusammen.

In diesem Zusammenhang gewinnt ein Doppelproblem Bedeutung: das philosophische und juristische Problem der Subsumption, d. h. der Einpassung eines Einzelnen, als eines besonderen Falles, in die generelle Ordnung des Gesetzes; und das poetische Problem der Symbolisation, d. h. die Frage nach der Erhebung des Einzelnen zum bedeutenden Fall, der, als ein Besonderes, das Einzelne ans Allgemeine vermittelt, und zwar durch die Kunst.[71]

Subsumption oder Symbolisation: Es sind dies, um es im Vorstellungfeld des Bildungsromans zum Ausdruck zu bringen, die beiden möglichen Lösungen des Problems einer Vermittlung von Einzelnem und Allgemeinem, von Augenblick und Lebensganzem. Und genau um diese doppelte hermeneutische Frage, als eine Frage nach Referentialität (in der Lebenswelt) und Figuralität (in der Kunstwelt), geht es in Kafkas Inszenierung der Gesetzesparabel: Die literarische Hermeneutik ist in diesem Fall mit der juristischen von Anfang an unlösbar verkoppelt und zugleich in

71 Vgl. schon Georg Lukács: *Über die Besonderheit als Kategorie der Ästhetik*. Neuwied–Berlin 1967.

dauernder Friktion. Die Literatur – so drückt es Derrida aus – hat Schwierigkeiten mit dem Gesetz, und umgekehrt.[72]

X. Das Scheitern der »Karriere«-Architektur: *Der Bau*

Bei der Betrachtung von ›verfehltem Anfang‹ und ›offenem Ende‹ des Romans ist zu berücksichtigen, welche Krisen es sind, die deren Unerzählbarkeit auslösen – und daß es unterschiedliche Krisen sind, die hier zur Blockade des Anfangs führen, dort zur Unabschließbarkeit des Endes. Die Krise des Anfangs scheint sich an dem Ordnungsmuster des organischen Wachstums zu entzünden: das Heraustreten des Kindes aus der Natur in die Kultur – Karl Roßmann und das von ihm unwillentlich gezeugte Kind; die sexuelle Urszene; die Entwicklung im Sinne von Zeugung und Geburt, Wachstum und Bildung. Die Krise des Endes dagegen richtet sich auf die konstruktiven Kräfte, seien sie nun in den Institutionen – Kontor, Hotel, Theater, Rennbahn – oder in den Personen wirksam, die das gelebte Leben, den sich bildenden Organismus, in eine soziale Struktur zu bringen suchen: als abschließende Lebens-Architektur gewissermaßen; als Konstrukte der Disziplinierung, des Regelwerks des Gesetzes. Kafkas Romananfang steht im Zeichen des biologischen Körpers, der als

72 Der Mann vom Lande bezeugt es: »L'homme de la campagne avait du mal à entendre la singularité d'un accès qui devait être universel, et qui en vérité l'était. Il avait du mal avec la littérature.« Derrida: *Préjugés*, S. 361.

Entelechie auf ein Ziel hin seine Lebenslaufbahn antritt. Kafkas Romanschluß dagegen steht im Zeichen der Konstruktion, der sozialen Strategien und Institutionen, die den aus der Natur kommenden Körper modellieren, disziplinieren oder gar zerstören. Das Argument der Evolution von Leben und das Argument der sozialen Konstruktion von Leben haben ihre komplementäre Tragkraft verloren.

Ist man einmal darauf aufmerksam geworden, so gewahrt man, daß das Dispositiv der Architektur als Treibmittel einer Lebensordnung das ganze Werk Kafkas durchzieht: vom frühen Bildungsroman-Experiment *Der kleine Ruinenbewohner* bis hin zum späten, ebenfalls unvollendet gebliebenen Text *Der Bau*, geschrieben Ende 1923 (KKAN II 575–632). Eine der vielen Äußerungen Kafkas, die auf das Architektur-Modell als Ordnungsmuster Bezug nehmen, sei hier zitiert:

> Der beurteilende Gedanke quälte sich durch die Schmerzen, die Qual erhöhend und nichts helfend empor. Wie wenn im endgiltig verbrennenden Hause die architektonische Grundfrage zum erstenmal aufgeworfen würde. (KKAN II 13)

Kafkas später Text *Der Bau* ist die Schwundstufe eines Bildungsromans in Form einer extremen Individual-Geschichte. Es handelt sich um den Bericht eines einzelnen Tiers,[73] das sich einen unterirdischen Lebensraum konstruiert, zur Abwehr gegen potentielle Feinde. Als Keimzelle des architektonischen Unternehmens, das die Sicherung des

73 Dessen Adressat, im Gegensatz zum *Bericht für eine Akademie*, nicht erkennbar ist; vielleicht handelt es sich um das schreibende Tier selbst?

Lebens vollenden soll, fungiert ein Labyrinth. Um diese Chaos-Stelle herum[74] ist der immer weiter abzusichernde Bau konstruiert. Kafka schreibt – und es spricht das Tier im Bau:

> … ich habe dort ein kleines tolles Zickzackwerk von Gängen angelegt; dort fing mein Bau an, ich durfte damals noch nicht hoffen ihn je so beenden zu können, wie er in meinem Plane dastand, ich begann halb spielerisch an diesem Eckchen und so tobte sich dort die erste Arbeitsfreude in einem Labyrintbau aus, der mir damals die Krone aller Bauten schien, den ich aber heute wahrscheinlich richtiger als allzu kleinliche, des Gesamtbaues nicht recht würdige Bastelei beurteile, die zwar teoretisch vielleicht köstlich ist … in Wirklichkeit aber eine viel zu dünnwandige Spielerei darstellt … (KKAN II 586 f.)

Mit dem Bau versucht das Tier eine Konstruktion seiner selbst als Bewohner dieser Konstruktion, seiner individuellen Eigentümlichkeit. Es spricht noch einmal das Tier:

> Zuviel beschäftigt mich der Bau. Schnell bin ich vom Eingang fortgelaufen, bald aber komme ich zurück. Ich suche mir ein gutes Versteck und belauere den Eingang meines Hauses – diesmal von außen – tage- und nächtelang … Mir ist dann, als stehe ich nicht vor meinem Haus, sondern vor mir selbst … (KKAN II 590 f.)

74 Das Labyrinth erscheint hier als Keimzelle von Lebensarchitektur: oszillierend zwischen Chaos und verschlüsselter Ordnung, die enträtselt werden muß, also als materiales Chaos und Schöpfungskern zugleich.

Mehr und mehr stellt sich, im Laufe seiner Arbeit, bei dem Tier die Illusion einer Vollkommenheit dieses Lebensbaus ein:

> Und damit verliere ich mich in technische Überlegungen, ich fange wieder einmal meinen Traum eines ganz vollkommenen Baues zu träumen an … entzückt sehe ich mit geschlossenen Augen klare und weniger klare Baumöglichkeiten, um unbemerkt aus- und einschlüpfen zu können. (KKAN II 599)

Aber diese Hoffnung, den Bau zu vollenden und das Lebensprojekt damit zum Abschluß zu bringen, erfüllt sich für das sein Leben architektonisch zu Ende konstruierende Tier nicht. Ein einziger Gedanke, der es überfällt, vernichtet das Ganze seiner Konstruktion. Es ist die selbstzerstörerische, paranoische Phantasie, die sich als Geräusch äußert, daß es nicht, wie bisher geglaubt, im eigenen architektonischen System lebt, sondern »in einem fremden Bau« und sich »der Besitzer jetzt an mich herangräbt« (KKAN II 627). Die Chance des Tiers, sein Lebenswerk in Form dieses Baus zu vollenden, ist vertan. Kafkas Versuche, Leben zu Ende zu erzählen, sind Akte der Architektur, der räumlichen Konstruktion – aber das »animal autobiographique« scheitert an dem ›Fremden‹ in ihm selbst, das es zu zerstören droht.[75] In einer gestrichenen Variante des Textes erklärt der Autor den Grund: Die Bemühung, das Lebenswerk zu vollenden, einen Schluß zu finden, sei an der Unvereinbarkeit von Bau-Ort und Bau-Plan gescheitert.

75 Zu dem Problem der Tierfigur in der Evolution wie im kulturellen Prozeß vgl. das grundlegende Buch von Jacques Derrida: *Das Tier, das ich also bin*. Hg. von Peter Engelmann. Wien 2010.

> Etwas Baumeistermässiges muss aber immer in meinem Blut gewesen sein, schon als Kind zeichnete ich Zickzack- und Labyrinthpläne in den Sand und eilte im Geiste auf weichen Pfoten über die vielen Striche hin. Und überall suchte ich einen passenden Ort für den Bau und nirgends konnte ich ihn finden, nirgends passte der Ort zum Plan, kein Ort schien würdig, den Plan aufzunehmen und kein Plan schien stark genug sich einem Ort einzudrücken.[76]

Der Plan ist nicht stark genug, sich einem Ort einzudrücken; kein Ort scheint würdig, den Plan aufzunehmen: Dies ist die aporetische Formel, die Kafkas Schlüsse aus dem Geist der Architektur prägt. Das Schutz suchende Tier, mit seiner Lebensarchitektur beschäftigt, endet, bestenfalls, als »kleiner Ruinenbewohner«.

XI. Eine Anthropologie auf der Grenze zwischen Mensch und Tier

Kafkas Anthropologie verhandelt das Verhältnis von Mensch und Tier im Thema der Verwandlung. Der Mensch vermag sich nicht zu begreifen ohne das Tier in ihm, das er als das ihm eigene ›Fremde‹ erfährt – und zwar als ein von der Menschenwelt so oder so Manipuliertes.[77] Die Aufmerksamkeit dieser neuen Anthropologie richtet sich auf

76 KKAN II Apparatband S. 429 f.

77 Diesen Gedanken hat Giorgio Agamben wieder aufgegriffen. Giorgio Agamben: *Das Offene. Der Mensch und das Tier*. Frankfurt am Main 2003.

die bewegliche Grenze zwischen Tier und Mensch, zwischen Natur und Kultur, zwischen organischem Wachstum und Lebensarchitektur; es ist die Grenze, an der Verwandlungen stattfinden und inszeniert werden.[78] Sie richtet sich auf den Menschen, der seine Selbstbestimmung aus der immer neu zu findenden Differenz zwischen organischem Wachstum und konstruktivem Vermögen, zwischen natürlichem Anfang und kultureller Formung gewinnt: zwischen Evolution und Architektur.[79] Buffon hat diese Einsicht bereits im 18. Jahrhundert vorsichtig formuliert: »S'il n'existait point d'animaux, la nature de l'homme serait encore plus incompréhensible.«[80] Wenn es keine Tiere gäbe, wäre das Wesen, die Natur des Menschen noch viel unbegreiflicher. Der Mensch ist, mit einer Formulierung Jacques Derridas, das »animal autobiographique«.[81] Giorgio Agamben hat diesen Gedanken verschärft: der Mensch sei das Tier, »das sich selbst als menschlich erkennen muß, um es zu sein«.[82]

Narration des Ursprungs wird nachträglich zu dessen Beglaubigung: Dies ist Kafkas Version von der Inkompatibilität von Heilsgeschichte und Darwinismus. Der Affe, und generell das Tier, ist für Kafka dasjenige Mischwesen, das selbst, performativ, die Grenze zwischen Tier und

78 Vgl. hierzu Gerhard Neumann: *MENSCHEN/AFFEN. Erkundung der Grenze zwischen Kultur und Natur*, in: Thomas Anz (Hg.): *Natur – Kultur. Zur Anthropologie von Sprache und Literatur*. Paderborn 2009, S. 93–108.

79 Dieser Konstellation bin ich in folgendem Aufsatz nachgegangen: *Chinesische Mauer und Schacht von Babel. Franz Kafkas Architekturen*, in: Deutsche Vierteljahresschrift 83 (2009) Heft 3/September, S. 452–471.

80 Agamben: *Das Offene*, S. 9.

81 Vgl. hierzu *L'animal autobiographique. Autour de Jacques Derrida*. Paris 1999.

82 Agamben: *Das Offene*, S. 36.

Mensch setzt und versetzt, in einem Sprechakt, der zur Handlung wird. Dies ist der Grund, warum Kafka seine Krisen-Szenarien mit Tieren bevölkert – also als Tierversuche installiert. Im Tier überkreuzt sich organisches Wachstum mit strategischem Konstruktionsvermögen: beim Affen Rotpeter ist es die sprachliche Performanz; beim Tier im Bau ist es die planende Architektur, die in das Organismus-Modell eingreifen. An der beweglichen Grenze zwischen Tier und Mensch hat die Verwandlung ihren Ort.

Kafkas Werk arbeitet mit vier Verwandlungsmodellen. Sie sind als Experimentenreihe angelegt.[83] Da ist zunächst die Verwandlung des Tiers in einen Menschen, wie im *Bericht für eine Akademie*; da ist sodann die Verwandlung eines Menschen in ein Tier, wie in der Erzählung *Die Verwandlung*; da ist des weiteren die Verwandlung des Menschen in ein Nichts – und seine Ersetzung durch ein Tier, wie es dem Hungerkünstler mit dem nach seinem Verschwinden mit einem Panther besetzten Käfig ergeht; und da ist zuletzt die Verwandlung eines Organismus – Mensch oder Tier – in ein Artefakt, ein Konstrukt, ein Mischwesen, einen Cyborg,[84] wie in *Die Sorge des Hausvaters* oder *Eine Kreuzung*.

Verwandlung ist bei Kafka nicht das Element einer sozialen Karriere, wie es die Theorie Erik H. Eriksons vermutet; nicht ein ›entelechischer Keim‹, der ›lebend sich entwickelt‹, wie Goethe sie konzipierte; nicht ein Vorgang der Transsubstantiation wie in der Eucharistie; nicht eine Wie-

83 Vgl. meinen Aufsatz: *Kafkas Verwandlungen*, in: Aleida und Jan Assmann (Hg.): *Verwandlungen. Archäologie der literarischen Kommunikation* IX. München 2006, S. 245–266.

84 Vgl. hierzu Donna Haraway: *Manifesto for Cyborgs. Science, Technology, and Socialist Feminism in the 1980s*, in: Socialist Review 80 (1985), S. 65–108.

dergängerfigur in Traum und Trauma in den Vorgängen von Verschiebung und Verdichtung wie bei Sigmund Freud;[85] nicht ein göttlicher Eingriff in die Menschenwelt wie bei Ovid;[86] sondern vielmehr die Erfahrung eines Selbst, das im Schock als das unheimliche ›Andere‹ sich zeigt, als »ungeheures Ungeziefer«. Gregor Samsa fragt nicht: »Woher komme ich?« Er fragt auch nicht »Wohin will ich oder will es mit mir?« Sondern er fragt: »Was ist mit mir geschehen?« (KKAD 115).

Es ist eine Verwandlung ohne Aura und ohne Prognose. Dieser Schock markiert die Krise, die das Leben-Erzählen unmöglich macht. Wenn Sigmund Freud drei Kränkungen des menschlichen Subjekts und seines Selbstbewußtseins konstatiert: die Kopernikanische Wende, den Darwinismus und die Psychoanalyse als die Lehre von der Entmachtung des Ich,[87] dann ist der Kafkasche Verwandlungs-Schock die vierte und radikalste Kränkung dieser Art. Denn er erfolgt in Gestalt des Aussetzens aller Orientierungsmuster, ohne ein neues zu schaffen. Was bleibt, ist das Als-Ob. Kafkas Protagonisten behandeln die Ordnungsmuster, deren Scheitern sie erkennen, als ob sie noch gälten – bis zum bitteren Ende. Kafkas Rotpeter nennt diese Strategie, wenn sie überhaupt zu einem Scheinziel führt, »sich in die Büsche schlagen« (KKAD 312).

Dabei macht es der Verwandlungs-Schock, das Moment der ›Blindheit‹ einer Orientierungskrise, unmög-

85 Sigmund Freud: *Erinnern, Wiederholen, Durcharbeiten* (1914), in: *Studienausgabe*. Hg. von Alexander Mitscherlich et al. Band 11. Revidierte Neuausgabe. Frankfurt am Main 1989, S. 205–216.

86 Vgl. Gerhard Neumann: *Kafkas Verwandlungen*, S. 244–251.

87 Sigmund Freud: *Studienausgabe*, Band I. *Vorlesungen zur Einführung in die Psychoanalyse. Und Neue Folge*. Frankfurt am Main 1969, S. 283 f.

lich, die Grenze zwischen Tier und Mensch zuverlässig zu ermitteln; eine Grenze, die von den institutionellen, ökonomischen und politischen Interessen zuweilen so oder so gezogen worden ist. Denn es gibt, so Kafka, kein Lebenswissen mehr, von dem her die Unterscheidung zwischen Tier und Mensch, zwischen Natur und Kultur, zwischen Trieb und Vernunft getroffen werden kann. So trägt der Protagonist in dem Bildungsroman-Projekt *Der Verschollene* einen aus menschlichem und tierischem Anteil zusammengesetzten Namen, »Roßmann«.

Kafkas Werk und seine implizite Anthropologie, deren Spuren Walter Benjamin als erster gefolgt ist, mißt der Kategorie des Scheiterns der menschlichen Karriere in der Kultur einen neuen, zwiespältig produktiven Stellenwert bei. Genau genommen richtet sich Franz Kafkas poetische Anthropologie – vor dem Hintergrund der scheiternden Karriere – auf die beiden kardinalen Orientierungskrisen in der modernen Kultur, nämlich die erste Frage: »Wie fängt etwas an auf dem Weg in die Kultur?« und die hieran anzuschließende Frage »Wie bringt man es sinnvoll zu Ende in der Kultur?« Aus der Grundkonfiguration von Kafkas Anthropologie leiten sich vier Einsichten ab. Die erste lautet: Bei der Herausbildung von menschlicher Individualität in der Kultur – ihrer Karriere von einem Anfang zu einem Ende – offenbart sich eine nicht arretierbare Reibung zwischen Evolutions- und Architektur-Paradigma. Man könnte es auch die Reibung zwischen den Argumenten des Darwinismus und der Lebens-Pädagogik nennen: zwischen der Vorstellung vom Aufgehobensein in einem natürlichen Strom einerseits, und der Vorstellung von der konstruktiven Arbeit an einem künstlichen System andererseits. (Im Umfeld elektronischer Datenverarbeitung müßte man nun wohl für diesen Vorgang, der eine weitere Stufe der Entwicklung markiert, die Formel ›Was Organismus war, soll Code werden‹ verwenden.)[88] Die zweite abzuleitende Einsicht läßt sich so umschreiben: Kafkas Anthropologie ist auf eine Bestimmung des Menschen als Grenzwesen aus: In diesem Sinne ist die Tiergeschichte ein wesentliches Dispositiv von Kafkas poetischer Anthropologie – wobei das Tier nicht als literarisches Motiv verstanden wird, sondern als Agent des Wissens[89] auf der Grenze zwischen Wachstumsprinzip und Konstruktionsprinzip. Der Mensch definiert sich nicht durch Abgrenzung vom Tier, sondern durch Integration von dessen Fremdheit in das Bild seiner eigenen Identität. Als drittes Element von Kafkas Anthropologie wäre das Moment der Verwandlung zu nennen. Ihr Auslöser ist der nicht mehr ästhetisch auratisierte Identitäts-Schock, der die Vorstellung des Lebenskonzepts der Entelechie und ihrer linearen Entwicklung unterläuft. Eine vierte anthropologische Einsicht ist schließlich hervorzuheben: An die Stelle des Ordnungs-Musters der gradlinigen Karriere als Vorstellung von der Rennbahn des Lebens als Organon der Herstellung von Individualität setzt Kafka die Orientierungskrisen, die in Stücken experimenteller Prosa debattiert werden.

88 Diesen Gedanken umspielt der Aufsatz von Manfred D. Laubichler: *Die Virtuosität der Natur*, S. 153–175. Das Freudsche Zeitalter, das mit der Postmoderne und ihrer Abwendung vom Unbewußten zu Ende geht, hatte im Zeichen des Satzes gestanden: »Wo Es war, soll Ich werden.«

89 Dies ist die These des bemerkenswerten Buches von Benjamin Bühler und Stefan Rieger: *Vom Übertier. Ein Bestiarium des Wissens*. Frankfurt am Main 2006. Vgl. ferner J. M. Coetzee: *Elizabeth Costello*. New York 2003. Coetzee läßt eine Frau eine Vortragsreise absolvieren, in der sie über Kafkas Rotpeter und seinen *Bericht für eine Akademie* spricht: seine politische, humane, ökologische, philosophische Perspektive; und sie provoziert Widersprüche, die zu einer Neuformierung der Frage nach dem Menschen führen.

Kafkas Abwendung vom Bildungsroman hin zur experimentellen Kurzprosa der ›blinden Parabel‹ erweist sich damit, wie ich zu zeigen versucht habe, in Rücksicht auf die Kultur als gut begründbar. Kultur – so könnte man Kafkas Anthropologie beschreiben – ist ein rekursives Narrativ: Sie ist eine Erfüllung solcher gesellschaftlichen Bildung und Verwandlung, für die es kein Versprechen gegeben hat; ein Versprechen, das aber nachträglich, durch Erzählen, unverhofft, eingelöst werden kann. Der Ort, an dem diese Einlösung geschieht, ist die Literatur.

Über den Autor

Gerhard Neumann wurde 1934 in Brünn (Mähren) geboren. Nach der Vertreibung verbrachte er seine Schülerjahre in Thüringen und am Niederrhein und studierte seit 1955 Germanistik und Romanistik an den Universitäten von Freiburg i. Br., Wien und Paris. Nach der Promotion 1963 über Goethes *Torquato Tasso* war er als Sprachlehrer am Goethe-Institut in Paris tätig. 1964 kehrte er an die Hochschule zurück. Er habilitierte sich 1972 mit einer Arbeit über den Aphorismus in Freiburg i. Br. und hatte in der Folge Professuren für neuere deutsche Literaturwissenschaft an den Universitäten Bonn, Erlangen und Freiburg i. Br. inne, seit 1986 bis zu seiner Emeritierung 2002 war er Ordinarius an der Universität München. Von 1979 bis 1991 wirkte er als Mitglied und Vorsitzender der germanistischen Kommission der DFG. Er war von Anfang an Mitherausgeber der Kritischen Kafka Ausgabe und besorgte die Edition von Goethes *Wanderjahren* im Deutschen Klassiker Verlag. In München gründete er zusammen mit Ina Schabert das erste Graduiertenkolleg »Geschlechterdifferenz & Literatur«. Im Rahmen des Sonderforschungsbereichs »Theatralität« leitete er eine Forschergruppe »Theatralität und Literaturwissenschaft«. Er war Gastprofessor an den Universitäten Harvard und Johns Hopkins und Fellow an der Universität Oxford. 2010 war er als Fellow an das IFK in Wien eingeladen. Seit 1993 ist er Mitglied der Bayerischen Akademie der Wissenschaften. Seit 2008 lebt er in Berlin. Im Jahre 2005 wurde er zum Honorarprofessor an der Freien Universität Berlin ernannt.

Buchveröffentlichungen

Konfiguration. Studien zu Goethes „Torquato Tasso“. München 1965. (Zur Erkenntnis der Dichtung 1)

Ideenparadiese. Untersuchungen zur Aphoristik von Lichtenberg, Novalis, Friedrich Schlegel und Goethe. München 1976.

Franz Kafka. Das Urteil. Text, Materialien, Kommentar. München–Wien 1981. (Hanser Literatur-Kommentare 16)

Gerhard Neumann, Wolf Kittler (Hg.): *Franz Kafka. Schriftverkehr*. Freiburg im Breisgau 1990. (Rombach Wissenschaft. Reihe Litterae)

Alois Wierlacher, Gerhard Neumann, Hans J. Teuteberg (Hg.): *Kulturthema Essen. Ansichten und Problemfelder.* Berlin 1993.

Gerhard Neumann (Hg.): *Heinrich von Kleist. Kriegsfall – Rechtsfall – Sündenfall.* Freiburg im Breisgau 1994.

Gerhard Neumann (Hg.): *Canetti als Leser.* Freiburg im Breisgau 1996.

Gerhard Neumann (Hg.): *Poststrukturalismus. Herausforderung an die Literaturwissenschaft.* Stuttgart–Weimar 1997.

Mathias Mayer, Gerhard Neumann (Hg.): *Pygmalion. Die Belebung des Mythos in der abendländischen Literatur.* Freiburg im Breisgau 1997.

Gerhard Neumann, Günter Schnitzler (Hg.): *Harry Graf Kessler. Ein Wegbereiter der Moderne.* Freiburg im Breisgau 1997.

Andreas Kablitz, Gerhard Neumann (Hg.): *Mimesis und Simulation.* Freiburg im Breisgau 1998.

Gerhard Neumann, Sigrid Weigel (Hg.): *Lesbarkeit der Kultur. Literaturwissenschaften zwischen Kulturtechnik und Ethnographie.* München 2000. 4. Auflage 2009.

Gerhard Neumann, Caroline Pross, Gerald Wildgruber (Hg.): *Szenographien. Theatralität als Kategorie der Literaturwissenschaft.* Freiburg im Breisgau 2000.

Heinrich Meier, Gerhard Neumann: *Über die Liebe. Ein Symposion.* München 2000. 4. Auflage 2009.

Gerhard Neumann, Rainer Warning (Hg.): *Transgressionen. Literatur als Ethnographie.* Freiburg im Breisgau 2003.

Gerhard Neumann (Hg.): *»Hoffmaneske Geschichte«. Zu einer Literaturwissenschaft als Kulturwissenschaft.* Würzburg 2005.

Einschlägige Aufsätze

Umkehrung und Ablenkung: Franz Kafkas »gleitendes Paradox«. DVjs 42 (1968), S. 702–744.

Der verschleppte Prozeß. Literarisches Schaffen zwischen Schreibstrom und Werkidol. Poetica 14 (1982), Heft 1–2, S. 92–112.

Schrift und Druck. Erwägungen zur Edition von Kafkas Landarzt-*Band.* ZfdPh 101 (1982), S. 15–139 (Sonderheft »Probleme neugermanistischer Edition«).

Hungerkünstler und Menschenfresser. Zum Verhältnis von Kunst und kulturellem Ritual im Werk Franz Kafkas. Archiv für Kulturgeschichte Bd. 66 (1984), Heft 2, S. 347–388.

»Nachrichten vom ›Pontus‹«. Das Problem der Kunst im Werk Franz Kafkas, in: *Franz Kafka Symposium 1983.* Akademie der Wissenschaften und der Literatur zu Mainz. Hg. von Wilhelm Emrich und Bernd Goldmann. Mainz 1985, S. 101–157.

Ritual und Theater. Franz Kafkas Bildungsroman »Der Verschollene«, in: Philippe Wellnitz (Hg.): *Franz Kafka. Der Verschollene. Le Disparu/L'Amérique – Écritures d'un nouveau monde?* Strasbourg 1997, S. 51–78.

»Blinde Parabel« oder Bildungsroman? Zur Struktur von Franz Kafkas Proceß-*Fragment.* Jb. der dt. Schillergesellschaft XLI (1997), S. 399–427.

»Was hast Du mit dem Geschenk des Geschlechtes getan?« Franz Kafkas Tagebücher als Lebens-Werk, in: *Autobiographisches Schreiben und philosophische Selbstsorge.* Hg. von Maria Moog-Grünewald. Heidelberg 2004, S. 153–174.

Kafkas Verwandlungen, in: Aleida und Jan Assmann (Hg.): *Verwandlungen. Archäologie der literarischen Kommunikation* IX. München 2006, S. 245–266.

Überschreibung und Überzeichnung. Franz Kafkas Poetologie auf der Grenze zwischen Schrift und Bild, in: Friedrich Teja Bach, Wolfgang Pichler (Hg.): *Öffnungen: Zur Theorie und Geschichte der Zeichnung.* München 2009, S. 161–186.

THEMEN – Eine Publikationsreihe der Carl Friedrich von Siemens Stiftung

In der Reihe *Themen* wird eine kleine Auswahl der im Wissenschaftlichen Programm der Carl Friedrich von Siemens Stiftung gehaltenen Vorträge in teilweise überarbeiteter und erweiterter Form veröffentlicht. Die Publikationen können von der Stiftung direkt bezogen werden. Vergriffene Bände sind mit dem Vermerk *vgr* gekennzeichnet.

1 Reinhard Raffalt: *Das Problem der Kontaktbildung in der zeitgenössischen Gesellschaft.* 1960. 2. Auflage 1970. 20 S. *vgr*

2 Kurd von Bülow: *Über den Ort des Menschen in der Geschichte der Erde.* 1961. 2. Auflage 1970. 32 S. *vgr*

3 Albert Maucher: *Über das Gespräch.* 1961. 2. Auflage 1970. 22 S. *vgr*

4 Felix Messerschmid: *Das Problem der Planung im Bereich der Bildung.* 1961. 2. Auflage 1970. 34 S.

5 Peter Dürrenmatt: *Das Verhältnis der Deutschen zur Wirklichkeit der Politik.* 1963. 2. Auflage 1970. 40 S. *vgr*

6 Fumio Hashimoto: *Die Bedeutung des Buddhismus für den modernen Menschen.* 1964. 2. Auflage 1970. 36 S. *vgr*

7 Clemens-August Andreae: *Leben wir in einer Überflußgesellschaft?* 1965. 2. Auflage 1970. 28 S. *vgr*

8 Rolf R. Bigler: *Möglichkeiten und Grenzen der Psychologischen Rüstung.* 1965. 2. Auflage 1970. 35 S.

9 Robert Sauer: *Leistungsfähigkeit von Automaten und Grenzen ihrer Leistungsfähigkeit.* 1965. 2. Auflage 1970. 32 S. *vgr*

10 Hubert Schrade: *Die Wirklichkeit des Bildes.* 1966. 66 S. *vgr*

11 Wilhelm Lehmann: *Das Drinnen im Draußen oder Verteidigung der Poesie.* 1968. 24 S. *vgr*

12 Richard Lange: *Die Krise des Strafrechts und seiner Wissenschaften.* 1969. 46 S. *vgr*

13 Hellmut Diwald: *Ernst Moritz Arndt. Das Entstehen des deutschen Nationalbewußtseins.* 1970. 46 S. *vgr*

14 *Zehn Jahre Carl Friedrich von Siemens Stiftung.* 1970. 54 S. *vgr*

15 Ferdinand Seibt: *Jan Hus. Das Konstanzer Gericht im Urteil der Geschichte.* 1973. 58 S. *vgr*

16 Heinrich Euler: *Napoleon III. Versuch einer Deutung.* 1973. 82 S. *vgr*

17 Günter Schmölders: *Carl Friedrich von Siemens. Vom Leitbild des großindustriellen Unternehmers.* 1973. 64 S. *vgr*

18 Ulrich Hommes: *Entfremdung und Versöhnung. Zur ideologischen Verführung des gegenwärtigen Bewußtseins.* 1973. 50 S. *vgr*

19 Dennis Gabor: *Holographie 1973.* 1974. 52 S.

20 Wilfried Guth: *Geldentwertung als Schicksal?* 1974. 44 S.

21 Hans-Joachim Queisser: *Festkörperforschung.* 1975. 2. Auflage 1976. 64 S. *vgr*

22 Ekkehard Hieronimus: *Der Traum von den Urkulturen.* 1975. 2. Auflage 1984. 54 S. *vgr*

23 Julien Freund: *Georges Sorel.* 1977. 76 S. *vgr*

24 Otto Kimminich: *Entwicklungstendenzen des gegenwärtigen Völkerrechts.* 1976. 2. Auflage 1977. 52 S.

25 Hans-Joachim Hoffmann-Nowotny: *Umwelt und Selbstverwirklichung als Ideologie.* 1977. 42 S. *vgr*

26 Franz C. Lipp: *Eine europäische Stammestracht im Industriezeitalter. Über das Vorder- und Hintergründige der bayerisch-österreichischen Trachten.* 1978. 43 S. *vgr*

27 Christian Meier: *Die Ohnmacht des allmächtigen Dictators Caesar.* 1978. 108 S. *vgr*

28 Stephan Waetzoldt und Alfred A. Schmid: *Echtheitsfetischismus? Zur Wahrhaftigkeit des Originalen.* 1979. 72 S. *vgr*

29 Max Imdahl: *Giotto. Zur Frage der ikonischen Sinnstruktur.* 1979. 60 S. *vgr*

30 Hans Frauenfelder: *Biomoleküle. Physik der Zukunft?* 1980. 2. Auflage 1984. 53 S. *vgr*

31 Günter Busch: *Claude Monet »Camille«. Die Dame im grünen Kleid.* 1981. 2. Auflage 1984. 50 S.

32 Helmut Quaritsch: *Einwanderungsland Bundesrepublik Deutschland? Aktuelle Reformfragen des Ausländerrechts.* 1981. 2. Auflage 1982. 92 S. *vgr*

33 Armand Borel: *Mathematik: Kunst und Wissenschaft.* 1982. 2. Auflage 1984. 58 S. *vgr*

34 Thomas S. Kuhn: *Was sind wissenschaftliche Revolutionen?* 1982. 2. Auflage 1984. 62 S. *vgr*

35 Peter Claus Hartmann: *Karl VII.* 1982. 2. Auflage 1984. 60 S.

36 Frédéric Durand: *Nordistik. Einführung in die skandinavischen Studien.* 1983. 104 S.

37 Hans-Martin Gauger: *Der vollkommene Roman: »Madame Bovary«.* 1983. 2. Auflage 1986. 70 S. *vgr*

38 Werner Schmalenbach: *Das Museum zwischen Stillstand und Fortschritt.* 1983. 47 S.

39 Wolfram Eberhard: *Über das Denken und Fühlen der Chinesen.* 1984. 2. Auflage 1987. 48 S.

40 Walter Burkert: *Anthropologie des religiösen Opfers.* 1984. 2. Auflage 1987. 64 S.

41 Christopher Freeman: *Die Computerrevolution in den langen Zyklen der ökonomischen Entwicklung.* 1985. 57 S. *vgr*

42 Benno Hess und Peter Glotz: *Mensch und Tier. Grundfragen biologisch-medizinischer Forschung.* 1985. 60 S. *vgr*

43 Hans Elsässer: *Die neue Astronomie.* 1986. 64 S. *vgr*

44 Ernst Leisi: *Naturwissenschaft bei Shakespeare.* 1988. 124 S.

45 Dietrich Murswiek: *Das Staatsziel der Einheit Deutschlands nach 40 Jahren Grundgesetz.* 1989. 56 S. *vgr*

46 François Furet: *Zur Historiographie der Französischen Revolution heute.* 1989. 50 S. *vgr*

47 Ernst-Wolfgang Böckenförde: *Zur Lage der Grundrechtsdogmatik nach 40 Jahren Grundgesetz.* 1990. 86 S. *vgr*

48 Christopher Bruell: *Xenophons Politische Philosophie.* 1990. 2. Auflage 1994. 71 S.

49 Heinz-Otto Peitgen und Hartmut Jürgens: *Fraktale. Gezähmtes Chaos.* 1990. 70 S. mit 25 Abb. und 4 Farbtafeln. *vgr*

50 Ernest L. Fortin: *Dantes »Göttliche Komödie« als Utopie.* 1991. 62 S. mit 8 Abb.

51 Ernst Gottfried Mahrenholz: *Die Verfassung und das Volk.* 1992. 58 S. *vgr*

52 Jan Assmann: *Politische Theologie zwischen Ägypten und Israel.* 1992. 2. Auflage 1995. 122 S. 3., erweiterte Auflage 2006. 138 S.

53 Gerhard Kaiser: *Fitzcarraldo Faust. Werner Herzogs Film als postmoderne Variation eines Leitthemas der Moderne.* 1993. 74 S. mit 1 Abb. *vgr*

54 Paul A. Cantor: *»Macbeth« und die Evangelisierung von Schottland.* 1993. 88 S.

55 Walter Burkert: *»Vergeltung« zwischen Ethologie und Ethik.* 1994. 48 S. *vgr*

56 Albrecht Schöne: *Fausts Himmelfahrt. Zur letzten Szene der Tragödie.* 1994. 40 S. *vgr*

57 Seth Benardete: *On Plato's »Symposium« – Über Platons »Symposion«.* 1994. 2. Auflage 1999. 106 S. mit einer Farbausschlagtafel.

58 Yosef Hayim Yerushalmi: *»Diener von Königen und nicht Diener von Dienern«. Einige Aspekte der politischen Geschichte der Juden.* 1995. 62 S. *vgr*

59 Stefan Hildebrandt: *Wahrheit und Wert mathematischer Erkenntnis.* 1995. 60 S.

60 Dieter Grimm: *Braucht Europa eine Verfassung?* 1995. 58 S.

61 Horst Bredekamp: *Repräsentation und Bildmagie der Renaissance als Formproblem.* 1995. 84 S. mit 32 Abb.

62 Paul Kirchhof: *Die Verschiedenheit der Menschen und die Gleichheit vor dem Gesetz.* 1996. 80 S. *vgr*

63 Ralph Lerner: *Maimonides' Vorbilder menschlicher Vollkommenheit.* 1996. 50 S. mit 5 Abb.

64 Hasso Hofmann: *Bilder des Friedens oder Die vergessene Gerechtigkeit. Drei anschauliche Kapitel der Staatsphilosophie.* 1997. 2. Auflage 2008. 98 S. mit 36 Abb.

65 Ernst-Wolfgang Böckenförde: *Welchen Weg geht Europa?* 1997. 60 S.

66 Peter Gülke: *Im Zyklus eine Welt. Mozarts letzte Sinfonien.* 1997. 64 S. mit 2 Abb. und 9 Notenbeispielen.

67 David E. Wellbery: *Schopenhauers Bedeutung für die moderne Literatur.* 1998. 70 S.

68 Klaus Herding: *Freuds »Leonardo«. Eine Auseinandersetzung mit psychoanalytischen Theorien der Gegenwart.* 1998. 80 S. mit 7 Abb.

69 Jürgen Ehlers: *Gravitationslinsen. Lichtablenkung in Schwerefeldern und ihre Anwendungen.* 1999. 58 S. mit 15 Abb. und 4 Farbtafeln.

70 Jürgen Osterhammel: *Sklaverei und die Zivilisation des Westens.* 2000. 2. Auflage 2009. 74 S. mit 1. Abb.

71 Lorraine Daston: *Eine kurze Geschichte der wissenschaftlichen Aufmerksamkeit.* 2001. 60 S. mit 7 Abb.

72 John M. Coetzee: *The Humanities in Africa – Die Geisteswissenschaften in Afrika.* 2001. 98 S.

73 Georg Kleinschmidt: *Die plattentektonische Rolle der Antarktis.* 2001. 86 S. mit 20 Abbildungen, 16 Farbtafeln und einer Ausschlagtafel.

74 Ernst Osterkamp: *»Ihr wisst nicht wer ich bin« – Stefan Georges poetische Rollenspiele.* 2002. 60 S. mit 5 Abb.

75 Peter von Matt: *Ästhetik der Hinterlist. Zu Theorie und Praxis der Intrige in der Literatur.* 2002. 62 S.

76 Seth Benardete: *Socrates and Plato. The Dialectics of Eros – Sokrates und Platon. Die Dialektik des Eros.* 2002. 98 S. mit 1 Abb.

77 Robert Darnton: *Die Wissenschaft des Raubdrucks. Ein zentrales Element im Verlagswesen des 18. Jahrhunderts.* 2003. 82 S. mit 3 Abb.

78 Michael Maar: *Sieben Arten, Nabokovs »Pnin« zu lesen.* 2003. 74 S.

79 Michael Theunissen: *Schicksal in Antike und Moderne.* 2004. 72 S.

80 Paul Zanker: *Die Apotheose der römischen Kaiser. Ritual und städtische Bühne.* 2004. 86 S. mit 31 Abb.

81 Glen Dudbridge: *Die Weitergabe religiöser Traditionen in China.* 2004. 64 S. mit 8 Farbtafeln.

82 Heinrich Meier: *»Les rêveries du Promeneur Solitaire«. Rousseau über das philosophische Leben.* 2005. 68 S. 2. Auflage 2010. 70 S. mit 12 Abb.

83 Jean Bollack: *Paul Celan unter judaisierten Deutschen.* 2005. 70 S.

84 Rudolf Smend: *Julius Wellhausen. Ein Bahnbrecher in drei Disziplinen.* 2006. 72 S. mit 4 Tafeln.

85 Martin Mosebach: *Die Kunst des Bogenschießens und der Roman. Zu den »Commentarii« des Heimito von Doderer.* 2006. 74 S. mit 13 Abb.

86 Ernst-Wolfgang Böckenförde: *Der säkularisierte Staat. Sein Charakter, seine Rechtfertigung und seine Probleme im 21. Jahrhundert.* 2007. 82 S.

87 Marie Theres Fögen: *Das Lied vom Gesetz.* 2007. 140 S. mit 5 Abb.

88 Helen Vendler: *Primitivismus und das Groteske. Yeats' »Supernatural Songs«.* 2007. 88 S. mit 8 Abb.

89 Winfried Menninghaus: *Kunst als »Beförderung des Lebens« – Perspektiven transzendentaler und evolutionärer Ästhetik.* 2008. 70 S.

90 Horst Bredekamp: *Der Künstler als Verbrecher. Ein Element der frühmodernen Rechts- und Staatstheorie.* 2008. 90 S. mit 25 Abb.

91 Horst Dreier: *Gilt das Grundgesetz ewig? Fünf Kapitel zum modernen Verfassungsstaat.* 2009. 128 S. mit 6 Abb.

92 Ernst Osterkamp: *Die Pferde des Expressionismus. Triumph und Tod einer Metapher.* 2010. 74 S. mit 10 Abb.

93 Gerhard Neumann: *Verfehlte Anfänge und offenes Ende. Franz Kafkas poetische Anthropologie.* 2011. 88 S.

Außerhalb der Reihe sind erschienen:

1985 – 1995 Carl Friedrich von Siemens Stiftung – Zehnjahresbericht. 1996. 2. Auflage 1999. 144 S. mit 81 Abbildungen.

1995 – 2005 Carl Friedrich von Siemens Stiftung – Zehnjahresbericht. 2005. 174 S. mit 117 Abbildungen.

Notiz zur Zitierweise

Gerhard Neumann:
Verfehlte Anfänge und offenes Ende
München: Carl Friedrich von Siemens Stiftung, 2011
(Reihe »Themen«, Bd. 93).

ISBN 978-3-938593-16-5

Carl Friedrich von Siemens Stiftung
Südliches Schloßrondell 23
D-80638 München

Layout und Herstellung Udo Wiedemann
Druck Mayr Miesbach GmbH

Veröffentlichungen der Carl Friedrich von Siemens Stiftung

Herausgegeben von Heinz Gumin und Heinrich Meier

Heinrich Meier, Gerhard Neumann (Hg.)

Über die Liebe
Ein Symposion

München, Piper, 2000. 4. Auflage 2009. Serie Piper 3233
352 Seiten mit 10 Abbildungen. € 9,90 (D)

Gerhard Neumann
Lektüren der Liebe

Helen Fisher
Lust, Anziehung und Verbundenheit
Biologie und Evolution der menschlichen Liebe

Karl-Heinz Kohl
Gelenkte Gefühle
Vorschriftsheirat, romantische Liebe und Determinanten der Partnerwahl

Jean Starobinski
Fêtes galantes
Geburt und Niedergang einer Utopie der Liebe

Seth Benardete
Sokrates und Platon
Die Dialektik des *Eros*

Walter Haug
Tristan und Lancelot
Das Experiment mit der personalen Liebe im 12./13. Jahrhundert

Kurt Flasch
Liebe im *Decameron* des Giovanni Boccaccio

Peter von Matt
Versuch, den Himmel auf Erden einzurichten
Der Absolutismus der Liebe in Goethes *Wahlverwandtschaften*

Ulrich Pothast
Liebe und Unverfügbarkeit

Heinrich Meier
Epilog: Über Liebe und Glück

Friedrich Wilhelm Graf, Heinrich Meier (Hg.)

Der Tod im Leben

Ein Symposion

München, Piper, 2004. 3. Auflage 2009. Serie Piper 4271
352 Seiten mit 6 Abb. € 12,90 (D)

Friedrich Wilhelm Graf
Todesgegenwart

Ernst Tugendhat
Unsere Angst vor dem Tod

Jean-Claude Schmitt
Der Historiker, der Tod und die Toten

Norbert Schneider
Zeig mir das Spiel vom Tod
Sterben, Tote und Tod im Fernsehen und
in ausgewählten Kinofilmen

Peter Gülke
»Senkrecht auf der Richtung vergehender Herzen«
Musik als Paradigma bejahter Vergänglichkeit

Peter von Matt
Tod und Gelächter
Der Tod als Faktor des Komischen in der Literatur

Christopher Bruell
Der Tod aus der Sicht der Philosophie

Peter H. Krammer
Kein Leben ohne Tod

Philippe Descola
Mit den Toten leben

Axel Michaels
Wohin mit den Ahnen?
Totenritual und Erlösung in indischen Religionen

Hans Ulrich Gumbrecht
Die Zukunft unseres Todes

Heinrich Meier
Epilog: Über Leben und Tod

Heinrich Meier (Hg.)

Über das Glück
Ein Symposion

München, Piper, 2008. 2. Auflage 2010. Serie Piper 5304
295 Seiten mit 5 Abb. € 9,95 (D)

Heinrich Meier
Prolog – Über das Glück

David E. Wellbery
Prekäres und unverhofftes Glück
Zur Glücksdarstellung in der klassischen deutschen Literatur

Ulrich Pothast
Glück und Unverfügbarkeit

Norbert Schwarz
Intuitive Annahmen über das glückliche Leben – und warum wir so wenig aus der Erfahrung lernen

Karl-Heinz Kohl
Der glückliche Wilde
Imagination oder Realität?

Peter von Matt
Glück als Ziel des Weltalls und der Literatur

Camille Paglia
Agonie und Ekstase
Das flüchtige Glück des abendländischen Künstlers

Lorraine Daston
Monomanie in der Wissenschaft

Christopher Bruell
Das Glück aus der Sicht der Philosophie

Heinrich Meier
Epilog – Über Glück und Unglück